新局

中国近期规划和远景目标

刘世锦　贾康　刘俏　管涛　等◎著

经济日报出版社

图书在版编目（CIP）数据

新局：中国近期规划和远景目标 / 刘世锦等著 . --
北京：经济日报出版社，2021.12
ISBN 978-7-5196-0858-3

Ⅰ . ①新… Ⅱ . ①刘… Ⅲ . ①中国经济－经济发展－
研究 Ⅳ . ① F124

中国版本图书馆 CIP 数据核字 (2021) 第 034590 号

新局——中国近期规划和远景目标

作　　者	刘世锦　贾康　刘俏　管涛 等
策划编辑	陈　芬
责任编辑	宋潇旸
责任校对	李艳春
出版发行	经济日报出版社
地　　址	北京市西城区白纸坊东街 2 号 A 座综合楼 710(邮政编码：100054)
电　　话	010-63567684（总编室）
	010-63584556（财经编辑部）
	010-63567687（企业与企业家史编辑部）
	010-63567683（经济与管理学术编辑部）
	010-63538621 63567692（发行部）
网　　址	www.edpbook.com.cn
E - mail	edpbook@126.com
经　　销	全国新华书店
印　　刷	中国电影出版社印刷厂
开　　本	880mm×1230mm　1/32
印　　张	5.75
字　　数	124 千字
版　　次	2022 年 1 月第 1 版
印　　次	2022 年 1 月第 1 次印刷
书　　号	ISBN 978-7-5196-0858-3
定　　价	48.00 元

总 序

洞见中国经济发展的趋势与未来

谁都知道2020年是中国乃至世界经济最困难的一年，但2021年全世界依然过得并不容易，一边经济在恢复，一边仍受到疫情的侵扰。虽然世界经济确实在2021年出现了恢复性增长，但2022年以后世界经济到底是个什么样子，我们还不敢确定。毕竟国际货币基金组织在2021年最后一期《世界经济展望报告》中预测世界经济增长的同时给出两个警告：一是随着美联储和其他央行收回其在疫情期间提供的支持，全球股票价格和房屋价值面临骤降风险。二是受疫情影响，全球供应链关键环节中断且中断时间超预期，全球通胀上行风险加剧。在这种情况下，中国经济会怎样运行呢？

相比于其它国家，中国经济增长还是有确定性的，截止到我写序这一刻，我国2021年前三季度国民经济持续恢复发展，国内生产总值达到823131亿元，同比增长9.8%。但是，我们仍然不能忽略“当前经济恢复不均衡、基础不稳固”这样一个基本事实，而且这个事实可能要持续一段时间。所以，我们现在“要用好稳增长压力较小的窗口期”进行科技创新和供给侧结构改革，“强化国家战略科技力量”“增强产业链供应链自主可控能力”“坚持扩大内需这个战略基点”“构建以国内大循环为主体、国内国际双循环相互促进的发展新格局”和“构建高水平社会主义市场经济体制，实行高水平对外开放”。

与此同时，我们不回避中国经济面临的内生性增长不够的问题，也不回避新冠疫情和中美关系等诸多严峻而复杂的外部因素对中国经济的拖累，而是客观地、立体地去探讨中国经济发展的确定性和不确定性，引导我们的政府、企业和个人正确地看待和判断中国经济发展趋势，既不要因为中国经济的确定性增长而忽略了自身不确定性的风险，也不要因为自身面临的困难而看淡了整个中国经济的前景，在不确定性中寻求自己的确定性是每个地方政府、每家企业和每个人的必修课，课程之一就是经济日报出版社出版的“中经丛书”。

“中经丛书”由经济日报社主管主办、经济日报出版社出版的《中国经济评论》杂志精心打造。作为一个重要经济评论阵地，《中国经济评论》自然要担当起思考先行者的角色。于是，这个在疫情之年逆势诞生的新杂志以杂而不杂、热点聚焦的主题评论方式呈现在读者面前。杂而不杂的“杂”体现在不同的经济学专家（包括权威官员）和不同的经济观点同时出现在同一期杂志中，形成“前沿观察”“中经智库”“趋势洞见”“环球视野”等栏目；“不杂”体现在无论哪一位专家或官员、无论哪一个栏目和观点都围绕一个经济热点或主题展开。于是，一个眼界更开阔、思考更纵深、评论更立体的畅读体验开始了。同时，也为我们今天出版的“中经丛书”奠定了基础。

因为每期《中国经济评论》杂志都聚焦一个经济热点问题，这便为独立成书提供了深邃的思想和完整的体系。于是，我们在“聚焦构建双循环”“聚焦资本市场”“聚焦科技创新”“聚焦近景远景”的基础上进一步拓展为“中经丛书”，先期推出的是《论局——双循环的机遇与挑战》《谋局——中国资本市场的变革与突围》《布局——中国科技创新的道路与抉择》和《新局——中国近期规划与远景目标》，后期还将结合供应链产业链、扩大内需和高水平的社会主义市场经济等紧扣经济前沿的深度作品。我们希望，通过继续加强媒体融合、书刊联来丰富我们的“中经丛书”。也让更多关心中国经济发展趋势和未来的有识之士们，能够多一个洞见中国经济发展趋势与未来的重要窗口。

经济日报出版社社长

2021年11月15日

序

聚焦远景，读懂未来中国经济

“十四五”开局，被社会各界寄予厚望。作为我国全面建成小康社会、实现第一个百年奋斗目标之后，乘势而上开启全面建设社会主义现代化国家新征程、向第二个百年奋斗目标进军的第一个五年，“十四五”时期对实现二〇三五远景目标和加快构建综合国力和国际影响力国际领先国家具有重要意义。

回顾“十三五”的五年，中国的经济实力、科技实力与综合国力均取得了令世界瞩目的长足进步。通过全国各族人民的努力实践，我们在创新、生态、开放、协调、民生等各方面事业，也交上了超预期的成绩单。

从经济增长上看，中国经济总量突破100亿元大关，人均GDP突破1万美元。中国的制造业增加值占全球份额接近30%，已经连续十年位居世界首位。

从城镇化与脱贫攻坚事业来看，中国有1亿多农业转移人口成为新市民，5000多万贫困人口实现脱贫。统计数据进一步揭示，中国此前五年来累计实现城镇新增就业超过6000万。

这些成绩，只是各方面事业的几个掠影。值得一提的是，在2020年这个被定调为“最为艰难的一年”，中国成功地控制住新冠疫情并取得了难得的经济增长。

聚焦《中共中央关于制定国民经济和社会发展第十四个五年规划和二〇三五年远景目标的建议》，我们能够看到“我国发展环境面临深刻复杂变化”的表述。在“百年未有之大变局”之中，中国如何抓住当前的战略机遇期成为未来的重中之重。

从此前五年，尤其是在2020年这一年我们所面临的严峻形势中，我们也能够得出这样的结论：当下以及未来我们都要时刻准备好迎接类似新冠疫情这种“黑天鹅”事件和以美国为首的部分国家发起的贸易霸凌等所带来的挑战。

毋庸讳言，以跨越的姿态引领世界经济增长的中国，在寻求发展的道路上也必将充满荆棘与挫折，某种程度上这也是大国崛起的必经之路。

挑战中抢抓机遇，困难中拥抱未来，仍是中国发展未来的抉择与战略。在充满不确定性的当下与未来环境中，实现突围和继续发展尚有诸多难题待解。

在全球化遭遇困境之时，我们如何推动对外开放新格局的构建？

在经济体量不断扩大的同时，怎样更进一步地缩小城乡差距？

在既有的经济基础与环境之下，如何继续大力推动供给侧改革和努力提升增长质量？

面对外来的技术封锁，我们将如何培育我们自主的创新生态体系？

上述关乎中国发展与未来的诸多重要命题，正是《中国经济评论》杂志与十余位国内权威经济学家，以“十四五”规划纲要为框架，以中国经济趋势与战略为重点，最终得出系列权威且具有现实意义研究成果的着力点。而这些代表性成果，最终又与当前经济热点充分结合，编就成了《新局——中国近期规划和远景目标》一书。在本书中，专家及学者们除了对“十四五”规划和二〇三五远景目标进行深入解读，同时也对未来的前景进行预测并提供战略性的解决方案。

回顾中国改革开放四十余年的历史，挑战与困境在某种程度上也更进一步地激发了中国这个新兴经济体的无限潜能。这一结论，也在经济学家中间达成了共识。所以，我们有理由相信，未来的五年乃至十五年，将是中国向着近景与远景目标继续突围与跨越的新阶段，中国在高质量发展与全新格局的构建中成就更加辉煌的新篇章。

《中国经济评论》主编

2021年11月11日于北京陶然亭

目　录

第一章

开启新征程

“十四五”规划是中国全面建成小康社会之后第一个五年规划，也是开启全面建设社会主义现代化国家新征程的第一个五年规划。要实现中华民族的伟大复兴，必须统筹好国内国际两个大局，用辩证思维深刻认知“危”与“机”，于“危机”中育“新机”，从“变局”中开“新局”。

发掘结构性潜能　提升增长质量

经济形势回顾及展望

中国经济率先从疫情冲击中恢复，2020年全年争取到2.3%左右的增长。正常情况下，2021年中国经济有望争取8%或以上的增速，一季度增速可能达到20%左右，但这并不是中国经济重返高增长轨道，而是因为2020年经济基数低，2021年的增长仍属于恢复性增长。2020年和2021年两年平均增速达到5%左右，就是一个不错的经济状态。

经济恢复到常态后，经济增长的一些常规推动力开始起作用。2021年出口不确定性较大。2020年中国出口逆势而增，卫生防疫产品的出口是重要带动力量。2021年全球疫情如果得到有效控制，相关出口将会减速。投资弹性很大，特别是基建投资，是政府可以直接影响的一个变量。消费目前正逐步回升，2021年消费特别是服务消费的整体表现应该会好于2020年。

2020年货币政策较为宽松，2021年有些企业的贷款到期后能否如期还款，银行的坏账是否会增加，这些是需要关注的问题。

经济指标要体现新发展理念

2020年由于疫情冲击的特殊原因，政府没有提出具体的GDP增长目标。下一步建议采取就业指标打头、GDP收尾的增长指标体系。稳增长是为了稳就业，就业指标也能有效衡量全社会资源利用状态，应成为力争完成的指标。过去受制于城乡二元结构、统计能力不足、农村隐蔽失业难以计算等因素，采用城镇调查失业率和新增就业人数指标，尚未形成城乡统一的就业状况指标。目前我国城镇化率已经达到60%，数字技术在某些方面已处于全球前列，只要真正重视起来，我们完全可能形成全面、客观、及时地反映城乡就业真正状态的数据，为判断经济和就业形势提供可靠依据。

此外，还可以采取若干体现新发展理念的全局性指标，包括居民人均收入、物价水平、宏观杠杆率、全要素生产率、单位GDP碳排放强度等。GDP指标还是要的，但应该是预期性、结果性、后置性的，不应再作为挂帅指标。如果前述指标处在正常或好的区间，GDP增速就是适当的。

着力发掘结构性潜能

应对疫情冲击，2020年中国的货币政策的度把握较好。与西方国家的宽松政策不一样，我们没有搞大水漫灌，只是在经济出现比较大的波动时适当放松。伴随经济恢复到正常增长轨道，宏观政策也要相应回归正常状态。宽松货币政策的退出并不是说一定要收紧，只是政策要回归到经济正常时的状态。财政政策可能不会一步到位退出，但财政赤字的规模应该会有所减少。除此之外，疫情期间宏观杠杆率提升了20多个百分点，在经济恢复到常态、逐步稳定后，杠杆率要相应降到一个合适的水平。

财政政策、货币政策等宏观政策主要解决短期平衡的问题，中长期经济增长更多地依靠结构性潜能。现在西方发达国家更关注宏观政策，是因为它们的结构性潜能很少，经济增长主要靠更新性需求拉动，如房子破了需要翻修，汽车旧了换辆新的等，这些国家只能通过财政政策、货币政策来刺激经济。和发达经济体不同，中国还有相当大的结构性潜能驱动增长，而非主要依赖宏观刺激政策。如果某个时候中国不得不主要依赖刺激政策维持增长，那应该是已经进入低速增长期了。

结构性潜能就是经济学上说的后发优势，即一个后发经济体，在技术进步、消费结构和产业结构升级、城市化进程等方面的发展潜能。在中国高速增长期的相当长时期内，高增长依靠高投资，高投资主要由基建、房地产、出口等驱动。经济增长由高速转到中速，这些结构潜能逐步减弱，“十四五”期间要着力发掘与中速增长期相配套的新结构性潜能，即通常所说的增长动能转换。

“十四五”期间，中国以开放型、内需为主的国内大循环应形成“1+3+2”的结构性潜能。

“1”是指以都市圈、城市群发展为龙头，为下一步中国的中速高质量发展打开空间。都市圈、城市有更好的要素集聚效率，今后五到十年能提供70%—80%的增长潜能。都市圈就是空间形态上在一小时通勤圈或已有核心城市周边几十公里范围内发展起一批小镇或若干小城，相互连接形成的新城市网络体系。中国将来形成三五千万人的大都市圈或者大都市圈构成的城市带是完全可能的。我们正面临提高全社会资源配置效率、持续推进城市化进程与既有城市结构性矛盾之间的冲突，这样的情况下，加快建设都市圈则是不得不采取的举措。

“3”是指实体经济方面要补上我国经济循环过程中新的三大短板：基础产业效率不高、中等收入群体规模不大、基础研发能力不强。基础产业仍存在不同程度的垄断，接下来要开放竞争、提升效率。开放竞争可以促进投资，更可以降低全社会生产、生活的基础性成本。消费结构和产业结构将进入重要的转型升级期。消费升级方面，低收入阶层的消费重点是增加商品消费，中高阶层的消费重点是扩大服务消费。产业升级方面，通过优胜劣汰、重组创新，提升中国在价值链中的位置、提高要素生产率。高端领域要加强基础研发、源头创新的能力建设，为长期创新打下牢固基础。补上这三大短板，将是实现高质量发展的新的三大攻坚战。只有过了这一关，中国才可能跨越中等收入陷阱。

“2”是指以数字经济和绿色发展为两翼。这两方面是全球范围的新潜能，中国有更为先进的理念、有超大规模的市场，完全有机会在这两方面形成新的竞争优势。

实行更有实效的改革开放

“1+3+2”结构性潜能在今后五到十年都能够起作用，但是现在还不同程度地受到体制机制政策的束缚，应当通过加大改革力度、实行更有实效的改革开放，使这些结构性潜能成为现实的增长动能。具体的措施有：

一是加快农村土地制度改革，推进农村集体建设用地入市，创造条件允许宅基地使用权向集体组织外部流转。集体土地入市、宅基地流转有利于通过交易发现、提升土地价值，增加农民财产性收入，真正保护农民利益。土地交易收益优先用于农民社保，以现代化社保体系取代土地的保障功能，把稀缺的土地资源配置于更有效的用途。

二是推动空间规划和公共资源配置改革，规划要有权威性和强制力，同时要尊重来自市场、社会和实践的信息，调整和纠错机制不可缺少。空间规划（包括城市规划）应尊重市场力量，按照人口流动这一重要的市场信号分配用地指标、财政补贴资金等，并按照人口布局变化定期调整城市规划。

三是石油天然气、铁路、通信、电力、金融等在内的基础产业领域，在促进竞争、放宽准入上，应有一些标志性、实质性的重要举措。

四是加快基本公共服务均等化。健全财政转移支付同农业转移人口市民化挂钩机制，继续推进并扩展义务教育等基本公共服务可随人员流动的政策，逐步打通农村和城镇居民社保的衔接，分期建设主要面向外来人口特别是农村进城人口的安居房工程。

五是深化高水平大学教育和基础研究领域改革。在创新居于前列、科教资源丰富的若干城市，如杭州、深圳和内地一些城市，创办高水平大学教育和研发特区，突破现有体制机制政策的不合理约束，在招生、人员聘用、资金筹措、项目管理、知识产权、国籍身份等方面实行特殊体制和政策。解决科技“卡脖子”问题，要引入竞争机制，社会各类机构广泛参与，重点向民营机构开放。

除了上述五大改革，中国还要继续推进对外开放。中国是全球化的受益者、倡导者、维护者，在全球市场经济建设和竞争中发挥引领作用。是否可以推行零关税、零壁垒、零补贴？如果可以做到，我们就站上了国际博弈的制高点。应努力争取第二次“入世”，我们已经签署RCEP，正在积极考虑加入CPTPP，通过加入较高水平区域合作组织，形成制度规则性开放的新格局。国际谈判中会涉及的一些难点、焦点问题，如公平竞争、打破行政性垄断、保护产权特别是知识产权、国资国企改革、改革补贴制度、产业政策转型、转变政府职能、维护劳动者权益、保护生态环境和绿色发展等，这些并不是别人要我们改，而是我们主动为之。通过高水平对外开放促进相关领域的深化改革，加快建设高标准的市场体系。

实现远景目标 更重要的是提升增长质量

十九届五中全会公报公布了二〇三五年的远景目标，到2035年人均国内生产总值达到中等发达国家水平。有些研究认为要实现这一增长速度，这一时期的平均增速不能低于4.7%或达到6%甚至8%以上才能实现。这些研究通常假定汇率水平不变或仅有小幅升值，但是该假定忽略了一个至关重要的问题，即经济增长的质量。汇率变动是一个复杂问题，从长期看，最重要的变量是劳动生产率，而劳动生产率是增长质量的核心指标。中国与发达经济体之间按现价美元计算的人均收入水平差距的缩小，部分取决于增长速度，其实很大程度上取决于汇率水平的变动。

从潜在增长率看，这一时期平均增速达到4.7%难度很大，但这并不意味着中国不能跻身中等发达国家行列。重要的是汇率变化，而汇率变化直接与经济增长质量相关。日本、德国等国家二战后的发展经验表明，一段时期内与先行者人均收入差距的缩小，汇率升值的贡献要大于经济增速的贡献。

根据宾夕法尼亚大学发布的PWT9.1数据库资料，2019年我国按购买力平价计算的人均GDP（以2011年为不变价）约为14682国际元，相当于日本的1975年、德国1971年的水平。

我们的研究团队初步测算，从1975年到1991年16年间，日本实际GDP年平均增长4.4%，累计增长99.6%；日元兑美元汇率年平均升值幅度为5.1%，累计升值幅度为120.3%。从按美元计价的日本人均GDP增长来看，日元兑美元汇率升值的贡献要大于GDP实际增长的贡献。

从1971年到1987年16年间，德国实际GDP年平均增长2.3%，累计增长43.2%；德国马克兑美元汇率年平均升值幅度为4.3%，累计升值幅度为95.1%。从按美元计价的德国人均GDP增长来看，德国马克兑美元汇率升值的贡献要远大于德国GDP实际增长的贡献。

实现二〇三五年远景目标，应将注意力更多地放在提升增长质量上，而非过度追求高增长速度。提高劳动生产率基础上的合理汇率升值，加上能够争取到的实际增长率，人均国内生产总值达到中等发达国家水平的目标是有可能实现的。

刘世锦　全国政协经济委员会副主任
中国发展研究基金会副理事长

从五大趋势看中国经济的未来

二〇三五年远景目标，习近平总书记讲得非常清楚——基本实现社会主义现代化。从经济学角度来讲，分析理解社会主义现代化对应什么状态时，很自然会从人均GDP的角度分析。2019年光华思想力研究团队用人均GDP衡量、购买力平价等国际通用的可比较的指标做了一些较为仔细的测算。从经济总量意义上来讲，大致到2035年经济总量翻一番，人均GDP也翻一番。这给我们提供了思考理解未来5至15年发展的大致的数量基础。

届时，我们的人均GDP用购买力平价来计算达到3.5万国际元，大概对应美国、日本、欧洲国家在21世纪初的水平。我们可以基于这一基础来倒推现在以及未来15年的时间，应该设定什么目标、寻找什么大趋势。

趋势一：全要素生产率成为增长最重要动能

党的十九届五中全会确定“十四五”规划建议的时候，提到了新发展阶段、新发展理念和新发展格局。我们未来的第一大趋势，就在于全要素生产率会成为中国经济增长最重要的动能。

在改革开放40多年时间里，中国保持了全球领先的增长速度，背后很重要的原因是我们通过各种各样的方法保持全要素生产率的高增速。根据美国经济学家罗伯特·索洛(Robert Solow)提出的理论来解释，过去的增长主要是靠人口红利，靠劳动力的大量投入，资本大量投入，这里面有很多在金融体系各方面的创新。同时因为中国处于工业化进程中，所以说在全要素生产率方面保持了很高增速。基本上天时地利人和，都齐聚在过去40多年的一个阶段里面。自2010年开始，我们基本上完成工业化进程之后，全要素生产率在一定程度上降了下来，接近2%左右。在工业化时期，提升全要素生产率比较容易，但是工业化结束之后，在服务业、第三产业主导的背景下，保持比较高的全要素生产率增速就变得比较困难。这是我们现在面临的比较大的挑战。

我们做了一个测算，如果以2035年为锚定年份，届时如果要实现中国全要素生产率（TFP）水平达到美国的65%，那么未来15年中国年均TFP增速需要超过美国1.95个百分点，保持2.5%到3%的增速水平，这个挑战比较艰巨。“十四五”规划不管是建议还是纲要草案，对这个问题都有非常多的反映。

全要素生产率最坚实的来源是什么？不可能通过经济政

策，而是需要从供给端、需求端综合改革来形成。应该说，经过这么多年的高速增长之后，还有四个对全要素生产率提升有利的比较优势。第一，有“再工业化”的可能性。随着工业化进程的结束，中国在进行产业数字化转型，意味着通过数字化转型方式再进行一次工业化。这本身是全要素生产率增速的最坚实的来源。第二，“再工业化”需要的基础设施，我们把它叫“新基建”，这里面大量的投资也会带来全要素生产率的坚实增长。第三，中国作为制造业大国，现在制造业占到GDP的27%—28%。未来5到10年在一定比例上保持稳定份额。制造业的不断发展也将为全要素生产率的增速带来空间。最后也是最可靠的一点，毕竟还有非常开阔的改革开放的红利可以释放。由于现在资源配置效率比较低，随着改革开放进一步地深入，如果能提升要素配置效率，这里面蕴含的广阔的全要素生产率提升空间就能被发掘出来。可能未来5到15年在这方面将会看到很多变化。

趋势二：中国在全球价值链位置向上游迈进

第二个趋势是，未来5到15年，中国在全球价值链的位置将艰难但很顽强地向上游迈进。

中国在全球价值链中参与度较高，中间品的进口、出口，参与度非常高，这表明我们依赖全世界，同时全世界也依赖我们。这是好消息。另一方面，在中间品或者是价值链里面，我们还是相对处于中下游，比较依赖国外的供应商。

麦肯锡去年对中国很多关键领域的对外进口依赖度做出测算，这份报告显示，我们供应链、产业链方面对外依赖度非常高，不是那么坚实，也不是那么安全。未来我们构建新发展格局，这方面需要有所作为。现在按照上游程度来衡量，我们在全球价值链中，得分其实并不是特别高。

价值链上游程度 = 本国中间品出口占总出口的比重（上游指标）–本国出口中包含的外国中间品比重（下游指标）。根据世界银行的数据，2018年40个主要开放经济体的平均位置是0.04，美国是0.29，明显处于上游。而我们的位置偏中下游。在国际循环日益充满不确定性的大背景下，未来5到15年如何改变我国的价值链位置是很重要的工作。

趋势三：强大的国内市场与消费的基础作用

“十四五”规划特别提到新发展格局。这里面特别强调以国内大循环为主体。为什么强调国内大循环为主体，强调消费的基础作用？我们对OECD的国家大样本做了统计分析：高收入国家人均GDP与外贸依存度之间是反向关系，也就是说国家随着人均GDP的提升，进出口占GDP的比重会降下来，这是大国经济演进的客观规律。中国也大致遵循这样一个规律。我国出口在2006年曾占GDP的36%，2019年降到18%，未来5到15年时间还会进一步下降。这意味着未来中国制造，中国的生产可能更大比例是服务于国内市场。怎么形成国内的强大市场，怎么促进消费在中国经济社会发展中的基础作用，是未来可能需要思考的问题。整体上看，现在的居民消费率比较低。

展望2035年，随着强大国内市场的形成和消费在经济社会发展中的基础作用的发挥，居民消费率将从现在的39%提升到接近60%，其中服务消费在总消费中的占比将从目前的44%提升至60%。这意味着经济社会产业格局将发生深刻的变化，这些变化正在发生。

趋势四：有效市场、资源优化配置与提升投资收益率

第四个趋势跟优化资源配置，提升投资资本收益率相关。因为《建议》中有一个非常关键的提法是“有为政府”“有效市场”。有效市场理解方式很多，我个人认为未来一段时间建立有效市场，最大的着力点在于形成强大的市场价格决定机制，使得价格引导资源有效配置，提升投资效率。

中国本身有很广阔的投资空间。经过这么多年的高速投资

阶段，目前人均的资本存量仍然只是发达国家平均的40%左右，未来有非常多的投资机会。

同时我们看到，城镇化本身带来投资机会。投资的关键作用怎么发挥？前提是有效配置，把投资配置到应该去的地方，应该去的城市、行业或者新兴领域。现在主要问题是投资效率不高，投资布局不够合理，存在典型的资源错配的情况。

我们研究也发现，投资效率不高将导致宏观杠杆率比较高。同时还有一个很大的问题，大家对城镇化很憧憬，但是从对2010年人口普查数据的一项分析看，到目前为止88%的地级市人口是不足的。这个是经济意义上的不足，实际人口远远低于理想的人口。理想人口规模有利于新行业崛起，有利于投资效率提升。因此，未来需要一个有效市场，需要有价格的锚把资源配置到能产生收益的地方。

从这个角度来看，金融领域的供给侧改革意义非常大，这也是为什么强调中国需要有一个REITs市场，需要有股票市场的重要原因。

趋势五：提高居民收入占比，消除城乡二元结构

最后一个趋势是更重要的、更长期的，也是一个正在发生的变化。形成以国内大循环为主体的新发展格局，需要提升消

费能力和意愿。现在收入分配方面有两个问题，一是收入分配给居民部分是偏低的，我们测算只有大约43.3%，也就是一年一万美元的GDP里面，可支配收入只有三万人民币，美国这个数据大概是63%。这导致居民部门在消费方面的潜在意愿没有完全挖掘出来。二是分配不公平程度，虽然没有再加剧，但是水平仍比较高。

未来我们需要思考如何提升居民收入分配在国内产出中的占比，以及降低分配的不公平程度。这在《建议》里面有非常多的体现。

这里面一个重要问题是如何解决农业转移人口的市民化的问题。光华思想力课题组预测了一下二〇三五年远景目标的规划：农业占比仅为3%左右，就业人口降到6%左右，这意味着未来的十几年时间里面，将会有超过20%的农业就业人口完成重新配置，需要配置到高端的制造业或者高端的服务业。这里面有很多的基础性工作要做。他们的消费意愿、消费能力是我们形成以国内大循环为主体的新发展格局的前提条件。

根据光华思想力的测算，我国目前城市化率是60%左右，到了2035年会达到75%甚至80%左右。随着城镇化率提升，未来可能有将近4亿人会寻求在城市住下来。他们去什么地方，住在哪里？解决这些问题需要通过商业模式创新、思维模式创新，需要通过具体改革来促成。未来5到15年，我们将看到历史上最大的城乡协同互动，大面积的劳动力重新配置，这背后金融服务体系、公共服务体系的相应建设，将成为中国未来重要的经济社会发展动力。

上述五个趋势很大程度会决定我们未来需求的情况，从而驱动产业格局的形成与变迁。

刘　俏　北京大学光华管理学院院长

▶ “十四五”时期中国资本市场要全面完成市场化改革

“十四五”规划纲要发布前夕，国务院金融稳定发展委员会召开专题会议，研究部署金融系统贯彻落实工作。会议强调，要增强资本市场枢纽功能，全面实行股票发行注册制，建立常态化退市机制，提高直接融资比重。

把资本市场作为经济和金融的枢纽的定位，可以说非常恰当和准确。现代金融是经济的核心，其重要的基础就是资本市场，资本市场在财富管理、风险配置以及支付清算体系的建设方面都发挥着基础性的作用。

没有资本市场的发展，中国的现代金融体系就很难建立。所以，把它提到“枢纽”的地位，预示了未来中国的资本市场将会拥有更加良好的发展前景。

“十四五”时期，中国的资本市场要继续朝着市场化改革的方向前行。2019年和2020年，上海证券交易所和深圳证券交易所试点注册制改革，在短时间里取得了良好的效果。发行制度的全面市场化改革，既要覆盖增量市场，也要覆盖存量市场。试点工作的推进，也让“十四五”时期注册制改革的全覆盖成为可能。

与此同时，“十四五”时期还要围绕注册制的各项内容进行系统改革，涵盖信息披露、并购重组、交易制度、退市机制以及监管体制等各个方面的内容。在“十四五”时期，中国资本市场要全面完成以注册制改革为核心的市场化改革。

退市机制改革是注册制全覆盖之后必须完成的任务之一。中国资本市场的上市公司达到4000多家，如果未来退市机制的效率很低，退市的速度很慢，会损害市场的定价功能和财富管理的功能，将会对市场造成严重的损害。

退市机制的核心功能是要完善市场的定价功能，要让这个市场有真正发现价值的功能。退市机制科学与否，决定了市场发行价格功能的优劣。所以，“十四五”时期，退市机制一定要完善，退市速度和效率要比过去任何时候都快。

除退市之外，监管体制改革也需要向市场方向转变，需要理顺监管部门和交易所之间的关系。事实上，注册制改革以后，发行和监管的分离制度就已经形成了。同时，交易所也承担了部分一线监管的职能，因为注册制改革后发行审核或聆讯都放在交易所，交易所对上市公司信息披露的监管负有很重大的责任。

与此相适应，监管部门的职能需要转型。未来中国的证券交易的性质定位，还需要不断地探索和实践，并逐渐与整个资本市场市场化改革相匹配。不论是公司制、会员制，还是像目前这样带有非营利性的事业法人组织，都是未来探索实践中需要考量的重点内容。

监管体制、监管重心的改革与调整，还要加大监管部门的权力与威慑力。从深交所的注册制改革来看，其已经开始形成诉讼代理人制度，即集团诉讼制度。同时，其也在公司治理结构，投票人制度方面实现了重要改革。这也对现行的法律提出了新的要求和挑战。

“十四五”时期，我认为还要从以下几个方面完善我们的法律：

第一，要为注册制改革的全覆盖提供法律基础。

第二，我们现行的法律在代理人诉讼制度方面还不完善，这部分内容至关重要。因此需要完善代理人诉讼制度，为处理未来可能出现的集团诉讼提供完备的法律依据。

第三，要在《公司法》《证券法》等层面上，完善公司治理结构，特别是投票人制度。我们现在实行的是同股同权机制，而在高科技企业里面，可能同股，却不见得同权。所以，《公司法》层面也需要做相应的调整。

第四，对违规违法行为的处罚标准，包括刑事处罚和民事诉讼处罚标准，要从法律上进一步完善。

上述四个方面，是法律层面在“十四五”时期必须完善的内容。目前来看，立法方面的工作任务还很艰巨，一个改革原则的提出和全面实施，需要一揽子科学完备的配套措施，这也是改革成效是否显著的关键。所以，我们必须看准目标，坚定正确的改革方向，在此基础上修改和调整现有的规则。

注册制改革是中国资本市场市场化的一个新起点，但是距离一个成熟的市场化市场尚有较大距离，因为我们的监管体制、退市机制、信息披露等重点内容，以及并购制度、法律和公司治理结构等都还有待完善。

提高直接融资比重的方向已经提出了很久，明确了要通过市场来融资的规模和比重要逐步地提高。在这个提法的背后，其理论逻辑是金融脱媒的过程。因为过去通过金融机构，尤其是商业银行进行融资的规模非常之大，比重非常之高，去中间化的脱媒需求是行业发展的趋势，这既包括股票融资，也包括债券融资。

当然，评价资本市场在整个金融体系中的作用和地位，不能仅仅通过直接融资的规模和数量来评价，同时也要看它存量资产的部分。例如，资本市场的存量部分包括股票的市值，以及债券的余额，这个称之为资本市场的存量资产的规模，和整个金融体系里面金融资产的规模和比例相比较，如果说来自证券化金融资产的规模和比例在提高，这是存量部分，意味着资本市场就会发挥越来越积极的作用。

所以，我们看待资本市场的作用，不能仅看所谓的增量的直接融资，尽管这个是我们的一个基本的方向，但是观察资本市场的作用，从存量的变化来看，可能会更重要、更科学一些。

概括而言，中国资本市场在“十四五”时期有两个最为重要的目标。

第一是全面地推进市场化的改革，并在各个层面、环节上予以完善，从而为未来中国资本市场成为国际金融中心奠定良好的基础。

第二是要积极扩大中国资本市场的对外开放，提升其国际化程度和全球影响力。

实际上，全面市场化和国际化正是“十四五”时期中国资本市场的两大任务。在这两项任务之下，还有诸多需要完成的布局，但总体而言市场化和国际化仍是重中之重。

吴晓求　中国人民大学原副校长、中国资本市场研究院院长

第二章
布局新战略

“十四五”期间要形成强大的国内市场和新发展格局，需要牢牢把握扩大内需的战略基点。把扩大内需从短期宏观调控方式转变为国家中长期发展的重要战略方向，这意味着未来在推动整个经济发展的过程中，工作重点、政策力度和一些重大布局的安排，都要转向“扩大内需”。

“十四五”财政政策走向

《中共中央关于制定国民经济和社会发展第十四个五年规划和二〇三五年远景目标的建议》（以下简称《建议》），对财政在进入新的高质量发展阶段、构建新发展格局中的新任务、新使命，做出了重要部署。我们需要围绕“建立现代财税金融体制”的要求，深刻理解后疫情时期我国经济社会发展环境的变化，全面落实《建议》指导方针。

“十四五”时期的财政政策应更加积极有为，注重积极财政政策的提质增效，更好地服务于宏观经济治理和实现高质量发展。应结合做好“六稳”工作、落实“六保”任务，把握好“十四五”时期的财政政策走向和基本的要领，衔接中长期继续推进现代化的战略目标，加强对国家重大战略、重要任务、重点改革的财力保障力度。

一、“十四五”时期财政发展背景与基本要求

新冠肺炎疫情对全球经济社会造成巨大冲击，同时全球化遭遇逆流，保护主义、单边主义加剧，中国经济发展面临新的

更加严峻的挑战。“十四五”期间，我国经济运行仍然将面临较大下行压力，因此加大鼓励投资和引导消费潜力释放的相关支出，是政府拉动内需，促进经济增长的必然选择。但政府职能转变、减税降负以及对公共服务需求的不断提高和人口老龄化等无法回避的变化，将进一步增加财政负担，加剧财政收支矛盾。基于上述挑战，“十四五”期间，我国在实施更加积极的财政政策的同时，必须从服务全局出发，致力于完善现代财政制度，提升财政资源统筹能力，加强中期财政规划管理，增强国家重大战略任务财力保障，化解矛盾，管控风险，更好地发挥财政在国家治理中的基础性作用。

二、财政政策的作用特点

在投资、消费的结构优化方面，财政政策要更多担当政策功能作用，其作为主力型优化结构政策工具的功能具有不可替代性。在配合货币政策做总量调节的同时，财政政策一定要更多承担优化结构的任务。

中央决策上明确指出，构建现代化经济体的主线是供给侧结构性改革。经济学的学理分析告诉我们，主要的结构问题一定发生在供给侧，为使供给较好地回应和满足人民美好生活的需求，需要我们在供给体系方面构建优化结构的合理机制，其内在要求是一定要在经济社会转轨中处理好政府和企业、中央与地方、公权体系和公民等复杂的制度安排关系和一系列相关的结构问题。

财政政策与货币政策的合理分工与密切协调配合，以及产业、就业、投资、消费、环保、区域等方面政策与财政、货币两大政策之间的配合，需形成目标优化、分工合理、高效协同的宏观经济治理体系。其中，财政收支安排在统筹之下的“区别对待”，可定向作“点调控”的特点，客观上决定着财政政策要更多服务于供给侧结构性改革中结构优化意图的实现，支持高质量升级发展。

具体的方案和做法，还一定要于各个地方政府辖区、各个行业、各个领域进行定制化处理。中央、省、市县，各个特定的财政层级上，都可以也应该掌握必要的区别。财政体制的合理分权也意味着有政策的弹性空间，在大的取向之下有优化结构的职责和发挥创造性的必要。

财政政策在分级财政框架之下如何做好各个地方辖区、各个层级上定制化方案的设计，是一种现实考验。这种定制化的方案，不可能是按一个模板、一个特定的设计到处去套用。“十四五”期间，一定要在每一个地方政府辖区力求形成因地制宜、高标准、高水平发展的战略规划，总体上符合中央的现代化战略、优化国家治理的原则、方针，在具体的设计和执行上又要有积极的建设性和创造性。

三、“十四五”期间财政政策走向

“十四五”期间的财政政策设计，应注意研究符合供给侧结构性改革方向的中长期举措，将推动高质量发展作为确定发展思路、制定经济政策、实施宏观调控的根本要求，于供给侧结构性改革主线上积极有为。

（一）保持适度的赤字率

在经济低迷和有明显下行压力时安排财政赤字，是国际通行的财政政策要领。2020年的大疫、大考之年，我国通过提高财政赤字率到3.6%以上等“更积极”的方式，扩大政府投资，增加抗疫支出，扶助困难企业（特别是受疫情冲击影响大且为数众多的小微企业），以托底经济增长，促使实体经济回暖。

“十四五”期间继续保持适度的赤字率水平，是保持必要的政策扩张力度和准备迎接跨周期政策调整的前期铺垫，但由于总体债务压力可能随之提升，需严控财政风险、注意配合机构改革压缩行政性经常开支。应贯彻全面绩效考评制度，对政府各级履职中财力分配结构和效应进行事前、事中和事后的绩效评价。为此，还有必要构建财政风险评价指标体系，做好经济社会数据信息的收集、整理和加工工作，常态化跟踪分析财政风险，建立财政风险预警机制。

（二）继续实施减税降负

“十四五”时期，为应对经济下行的压力，促进实体经济的发展，要保持减税降负政策的适当力度和持续性，实行普惠性减税和结构性减税相结合，重点减轻制造业和小微企业税收负担。要合理调整企业所得税制度，可适当下调25%的名义税率，但同时规范税收优惠，加强征管。个人所得税制度方面，一段时间内5000元的个人所得税起征点不宜再提高，但45%的最高边际税率有必要降低。

应注意的是，由于疫情防控的特殊需要，2020年我国实施了超过2.5万亿元的减税降费政策（普遍在年中或年底到期），考虑政府财力正常运行要求，2021年同口径的减税降费政策总规模可能较2020年减少。但在减税的同时，现存的几百种行政性收费负担应当继续压减，并应积极结合配套改革、提高基本养老金统筹层级等措施，实质性推进“五险一金”的减负，将减税降负系统工程，在一个全景图里做好通盘掌握。应提及的另一重点，是清理规范地方收费项目，健全乱收费投诉举报查处机制，加大对乱收费的查处和整治。

（三）结合中期财政规划管理大力优化支出结构

中期（三年滚动编制）的财政规划管理，是加强财政资源瞻前顾后、统筹协调的重大创新事项，“十四五”期间应在总结、借鉴国内外经验的基础上，侧重于优化支出结构，结合财政支出标准化和绩效管理，求得优化结构的实绩。其中应考虑的要点有：

1. 大幅压减非急需非刚性支出

中央政府带头过紧日子，压缩一般性支出和“三公”经费，尽可能降低行政成本。“十三五”期间，结合预算信息阳光化和“大部制”改革等，中央和地方政府在压减非急需非刚性支出方面已取得明显成效。“十四五”期间，应继续深化机构改革，严控新增楼堂馆所、会议、差旅、培训等经费，对维修维护、物业管理、装饰装修、办公设备采购等支出需求，优先在部门内调剂解决。

2. 保障重点领域资金投入

要支持和保证脱贫攻坚、污染防治、科技创新能力建设、制造业转型升级、城乡区域协调发展、支持就业、完善社保体系等重点支出。加大对国家战略性产业的财政投入，继续精准聚焦“两新一重”，形成面向5G、人工智能、大数据中心、电子化、智能化改造等新一代技术基础设施建设项目，并引导积极鼓励金融机构、社会资本提供配套融资支持，使新型城镇化、乡村振兴的基础设施建设和传统重点城乡建设项目与新基建相互呼应，全面塑造经济发展新优势。

建立农村低收入人口和欠发达地区帮扶机制，保持财政投入力度总体稳定，接续推进脱贫地区发展。着力保障和改善民生，增强公共产品和服务的供给能力，扎实推进社会事业建设，补齐公共服务的短板。

应跳出“法定挂钩”思维定式，根据事业发展需要与财政资金供给的可能，更加合理地安排预算，统筹财政资金的使用。应始终注意将扩大财政投入内嵌于我国高质量发展的过程中，避免大水漫灌和重复建设，以机制创新、管理创新保障绩效提升。

3. 支持构建“双循环”新发展格局

由于海外疫情持续、全球范围内经济衰退、地区保护主义和霸凌主义抬头等复杂因素，“十四五”期间，一方面应当充分发挥我国的市场规模优势，通过财政政策支持培育国内市场的内需体系，推动我国由“世界工厂”向“全球消费中心”的转变，促进形成新型工农城乡关系，培育新的经济增长极，保障和改善民生，不断实现人民对美好生活的向往；另一方面，要支持产业链供应链优化升级，加快发展现代产业体系，更为有效地加入国际经济大循环，加强对产业国际转移和“走出去”对外投资的支持力度，进一步扩大国际市场，拉动我国产业的出口增长。

（四）优化收入分配格局

1. 进一步完善转移分配制度

完善中央地方转移支付方面，财政政策的优化要抓住制度建设要领。对于一般性转移支付，应当完善稳定增长机制，扩大其规模和比例，尤其是重点保障财政困难地区的“三保”支出，做好兜底工作，促进地区间的发展均衡。进一步完善标准收支确定方法，优化计算公式，更有效地支持各级、各地的基本公共服务均等化。

进一步清理、整合、规范专项转移支付制度，重在保证专项转移支付的“专用性”与“专效性”。专项转移支付的使用范围和方向应体现集中财力解决重点地区的突出问题。同时，应更加注重提高透明度，更直接地体现中央政策意图，并便于监督。

2. 提高直接税比重

“十四五”时期，应结合税制改革，推动税制结构由间接税为主向直接税为主的逐步变革。分类与综合相结合的个人所得税制应进一步完善，综合机制应适时将部分非劳动收入纳入范围，并明显降低45%的最高边际税率，以更好地促进个人所得税在促进收入分配公平上发挥作用。财产税性质的税收改革，应积极稳妥推进立法，并可考虑在海南自贸区、深圳示范区增加试点。“十四五”期间房地产税，如人大正式宣布进入立法过程，从一审开始，文本均应公之于众，应配有规范的听证会，以接受全社会的意见、批评、建议，寻求社会“最大公约数”。为使第一大税增值税更好地发挥中性作用，降低间接税收入占比，“十四五”时期，应完成增值税三档并两档的任务，适当降低税负。消费税税目税率需要进一步优化，以适应消费升级换代的要求。

3. 加强地方税体系建设

在资源税方面扩大水资源税改革覆盖面；在消费税中积极考虑将一部分收入的征收环节，从生产后移至销售，成为地方政府收入来源；在房地产税立法方面，积极考虑配套实施土地开发与不动产建设、销售、持有全套环节相关的多种税费的兼并、整合、优化；在适当扩大地方税权（包括税率调整权、税种选择权等）方面，应有前瞻性设计安排。

（五）支持财税体制改革与配套改革

加强财政资源统筹，增强国家重大战略任务财力保障。“十四五”期间，财政政策应加强对重大战略、重要任务、重点改革的财力保障力度，促使配套改革取得决定性成果。深化预算管理制度改革，强化对预算编制的宏观指导。完善政府预算体系，加强政府性基金预算、国有资本经营预算、社会保险基金预算与一般公共预算统筹衔接。在推进财政支出标准化、强化预算约束和绩效管理方面，探索基本公共服务项目清单化管理，研究出台定额管理方面的国家标准。落实“全方位、全过程、全覆盖”的预算绩效管理工作，加大绩效评价结果的公开透明程度，将项目、政策乃至部门的绩效评价结果向社会公开，强化对权力运行的制约监督。

推进建立更加完善的政府间财政关系。一是明确中央和地方政府事权与支出责任。2020年5月18日发布的《关于新时代加快完善社会主义市场经济体制的意见》指出，要优化政府间事权和财权划分，建立权责清晰、财力协调、区域均衡的中央和地方财政关系，从而与各级政府事权、支出责任和财力相适应。中央在知识产权保护、养老保险、跨区域生态环境保护等方面的事权要适当加强，按照中央、省和市县三级框架，减少并规范中央和地方共同事权。应充分考虑税种属性、税收征管及对全国统一市场的影响程度等因素来划分税种，发挥各级政府的积极性。

二是健全省以下财政体制，增强基层公共服务保障能力。推进省以下“扁平化”的财政事权和支出责任在省与市县间划分的改革，加快完善省以下转移支付制度，推动财力向困难地区和基层倾斜。提升地区间公共服务均等化水平，促进形成区域协调发展新格局。从总体上看，省以下财政体制的确定应主要由各省级人民政府确定，以适应地方提供公共服务的需要。重点考虑建立启动地方财政救助机制的特别程序，完善救助资金的筹集机制、分配机制和地方偿还机制。健全政府债务管理制度。2019年年底，我国地方政府债务余额21.31万亿元，地方政府债务率为82.9%，低于国际通行的100%—120%警戒标准，但伴随地方债大幅扩容，地方债务率上升，地方债务风险正在增大。应构建管理规范、责任清晰、公开透明、风险可控的政府举债融资机制，强化监督问责。科学确定不同地方政府举债规模，既发挥政府债券促进扩大有效投资和经济社会发展作用，又确保不出现系统性风险。同时，注意清理规范地方融资平台公司，剥离其政府负债融资职能。做好全债务监管与预警，切实防止风险在某一时点、某些地区的过度集中。

贾　康　华夏新供给经济学研究院院长
刘　薇　中国财政科学研究院副研究员

值得期待的制度性减税降费

十九届五中全会公报提到一大方向是坚持把经济着力点放在实体经济上，提高经济质量和核心竞争力。全会提出，“加快发展现代产业体系，推动经济体系优化升级。坚持把发展经济着力点放在实体经济上，坚定不移建设制造强国、质量强国、网络强国、数字中国，推进产业基础高级化、产业链现代化，提高经济质量效益和核心竞争力。要提升产业链供应链现代化水平，发展战略性新兴产业，加快发展现代服务业，统筹推进基础设施建设，加快建设交通强国，推进能源革命，加快数字化发展。”

格外强调“实体经济”，意义特殊。“十三五”规划中，对于实体经济的表述还是“夯实实体经济根基”。从“夯实”到“着力”，分量越来越重。

7批28项优惠力度大的减税降费措施 扶持实体经济

2020年以来，面对新冠肺炎疫情冲击，我国加大宏观政策应对力度。2020年大规模减税降费政策，对支持疫情防控、帮助企业渡过难关、促进经济恢复增长发挥了重要作用。

2020年5月22日，十三届全国人大三次会议在北京开幕，国务院总理李克强作政府工作报告。李克强表示，加大减税降费力度。强化阶段性政策，与制度性安排相结合，放水养鱼，助力市场主体纾困发展。2020年继续执行下调增值税税率和企业养老保险费率等制度，新增减税降费约5000亿元。前期出台六月前到期的减税降费政策，包括免征中小微企业养老、失业和工伤保险单位缴费，减免小规模纳税人增值税，免征公共交通运输、餐饮住宿、旅游娱乐、文化体育等服务增值税，减免民航发展基金、港口建设费，执行期限全部延长到2020年年底。小微企业、个体工商户所得税缴纳一律延缓到2021年。

2020年以来，我国连续发布实施了7批28项优惠力度大的减税降费措施，既有支持疫情防控保供的应急措施，也有帮扶受疫情影响较大困难行业的措施，还有支持企业复工复产的措施，特别是聚焦帮扶小微企业渡过难关，进一步加大税费支持力度。这些政策措施加上2019年大规模减税降费在2020年形成的翘尾减收，预计2020全年为企业新增减负超过2.5万亿元，再加上降低物流、用能等成本，合计数万亿元降成本红利直达实体。

减税降费“三快一严”

疫情之后的减税降费政策有四个特点，即“三快一严”。一是政策落地快。每次参与政策制定过程中，相关部门都同步研究征管配套办法、预调信息系统。二是政策出台后，征管和信息化保障第一时间直达基层税务机关，确保政策好操作、快落地。三是操作过程快。通过简化办税环节与相关程序，让纳税人缴费人享受优惠政策更快捷；通过完善电子税务局网上申报功能，让纳税人缴费人“足不出户”享受政策优惠。四是考核监督严。实行最严格的绩效考评和监督问责，确保政策执行不遗漏、不走样。

数据显示，2020年1—10月，全国新增减税降费22301.61亿元，其中新增减税7461.12亿元，新增降费14840.49亿元。

2020年6月下旬，中国中小企业协会进行了问卷调查，调查结果显示：在各项政策中成效最大、反响最好、落实最到位的就是减税降费。企业在减税降费、金融支持等助企纾困政策方面的获得感在不断增强，调查结果显示，11月反映资金紧张的制造业小型企业占比为42.3%，比上月下降2.6个百分点，是2020年以来的低点。

激发市场主体活力 增添企业发展后劲

减税降费政策有序有力落地，不仅纾解了企业经营困难，而且激发了市场主体活力、增添了企业发展后劲。

就激发市场主体活力而言，一方面，10万户重点税源企业数据显示，2020年上半年每百元营业收入税费负担同比又下降了0.65元。国家统计局数据表明，6月份全国规上工业企业实现利润同比增长11.5%，这其中有相当一部分的因素，是减税降费效果直接或间接的转换。另一方面，全国5000多万户小规模纳税人，免征增值税的约占92%，余下8%左右缴纳增值税的440万户纳税人征收率又从3%降为1%（其中湖北省免征）。2020年二季度全国办理过涉税事项的新增市场主体，主要是小微企业和个体户，同比增长7.1%，减税降费政策在很大程度上激发了创业积极性。

在增添企业发展后劲方面，一方面，二季度全国享受研发费用加计扣除政策的33万户企业购进高技术设备和服务同比增长22.3%，在疫情冲击中持续加大科技投入，不仅推动销售收入同比增长4.8%，高于全国平均水平8.9个百分点，更为中国经济高质量发展增添了强大后劲。另一方面，6月末增值税一般纳税人同比新增10.9%，即有106万户企业“由小变大”或为新办的年销售收入500万元以上的企业，其中二季度就有

37万户。

近日，国家税务总局监测的10万户重点税源企业景气调查问卷显示，89.4%的重点税源企业预计四季度生产经营形势为“平稳”或“好转”，较三季度预测提高4.7个百分点。

阶段性政策向制度性政策转变

降成本说起来容易做起来难，“减税降费”意味着通过降低政府主导的税费，让政府过紧日子，让企业过好日子。2020年在政府财力极度紧张的情况下，2.5万亿的减税降费政策力度空前。

本轮大规模减税降费不仅在降低企业经营成本、激发企业活力等方面意义深远，而且在拉动国内消费、增加居民收入、促进投资、扩大进出口等方面产生积极影响，在激励企业创新发展、削减过剩产能等方面作用明显，大大提高了市场资源优化配置，为促进产业转型、稳定就业提供了有力的政策支持，大大优化中国营商环境。

应对疫情的减税降费政策在疫情缓和后会逐步退出，减税降费下一步要从阶段性向制度性转变，形成长效机制，重点支持中小企业等市场主体。

制度性减税降费值得期待 拉动经济高质量发展

疫情和外部环境仍存在不确定性因素，一些行业恢复状况还不是很乐观，部分小微企业、出口企业依然面临不少困难。目前，相关部委和地方已经开始研究酝酿2021年降成本的工作思路。业内专家指出，预计2021年将更多用改革的方法来向降负要空间。

2020年12月14日，在社科院工业经济研究所等主办的“2021年《经济蓝皮书》发布暨中国经济形势报告会”上，国家税务总局税科所学术委员会副主任付广军建议，2021年应该继续保持减税降费的势头，下一步考虑增值税继续下调，企业所得税适度下调，至于下调多少，根据疫情发展情况和经济发展情况决定。

减税政策也应该和税制的完善结合起来，包括社保体制的改革，税收收入制度的改革等，2021年要更多通过税制改革来获得减负的进一步的空间。制度性的减税降费将有更多的政策红利值得期待。业内人士建议，增值税要尽快完成立法，之后要进一步降低税率，实现“三档并两档”，并在抵扣范围上适时扩围；消费税也要尽快完成立法，之后要推动部分税目征收环节后移；企业所得税在亏损结转、法定税率等方面都有进一步改革完善的必要和空间；社会保险费缴费尤其是养老保险缴费则要在近几年实现全国统筹，“宽费基、低费率”的模式将会一统天下。

未来继续加大降成本的力度，解决的关键在于进一步优化资源配置，要运用结构方式与机制体制的转变，从根本上提高效率从而降低成本，拉动经济高质量发展。通过政策推动将改革红利送到实体企业，提振企业发展信心，增强经济运行内生动力，这才是降成本的最终目的。

周德文　民进中央经济委员会副主任、
浙江省人民政府特约研究员

第三章
建设新体系

经济社会活动复杂性全面上升，需要掌握科技变化趋势，及时跟进新兴领域情况，了解群众期待和诉求，驾驭好经济工作，从而更好进行现代化建设。面对技术与数字化的未来，如何具体推动数字经济发展、如何打造数字基础设施将成为“十四五”重大战略的一部分。

加速构建创新生态体系

中共中央发布的关于“十四五”规划和二〇三五年远景目标的建议，明确提出“坚持创新在我国现代化建设全局中的核心地位，把科技自立自强作为国家发展的战略支撑。”落实创新的核心地位，必须加速构建创新生态体系。创新生态体系是一个多元、开放、融合、共生的有机统一体。它需要创新思维的前瞻性、创新主体的协同性、创新要素的集聚性、创新群落的依存性、创新环境的包容性等。

构建创新生态体系有八大支点：树立做好已知、面向未知的创新理念；培养自立自强、开放合作的创新视野；打造企业为主、产学研用的创新群落；发挥有效市场、有为政府的创新作用；加大基础研究、风险投资的创新投入；构建科技设施、资源共享的创新平台；吸引五湖四海、卓越不凡的创新人才；弘扬宽松包容、自由探索的创新文化。

一、树立做好已知、面向未知的创新理念

目前，我国科技水平和创新能力，总体处于“跟跑者”的水平，少数处于“并行者”的水平，还有少数处于“领先者”的水平。重点技术、产品、装备对外依存度高，完全依赖进口（国产化率20%以下）、严重依赖进口（国产化率20%至40%）的占到80%以上，如高端芯片、基础软件、核心电子元器件、半导体材料和设备等，这是我国高质量发展的软肋，也是中美战略博弈的焦点。

当务之急，我们要集中力量做好已知，针对存在的短板攻坚克难，突破关键核心技术，提高创新链水平，化解重大瓶颈制约；与此同时，要从基础学科、基础研究入手，面向未知，探索未来世界发展，攀登科学领域高峰。技术是手段，是人类改造自然的方法和技能；创新是变革，重在获取新的知识，创造新的价值；而科学是发现，是认识世界、改造世界、发现和解释自然规律的知识体系，是技术和创新的知识源泉。创新不能急功近利，必须登高望远，既要解决当前的问题，又要关注长远的问题，抢占未来竞争的制高点。要瞄准人工智能、量子信息、纳米技术、基因编辑、脑科学、核聚变、深地深海深空等科技前沿领域，实施战略性、前瞻性的科学计划、科学工程，沉下心来，久久为功，持续

地推进科学发现、创新变革。

二、培养自立自强、开放合作的创新视野

过去，在相当长的一段时间里，由于起步晚，以及自主创新意识、创新能力不足，我们喜欢“拿来主义”，习惯于“引进消化吸收再创新”模式，主要是跟着西方发达国家后面追赶，因而少有原创性、颠覆性的科技成果，在重大领域缺乏自主的技术路线，技术标准。

现在，我们进入全面建设社会主义现代化国家的新发展阶段，践行创新、协同、绿色、开放、共享的新发展理念，构建以国内大循环为主体、国内国际双循环相互促进的新发展格局，这是新时代的新特征。创新要适应新特征的新要求，实现从“拿来”到“原创”、从“跟跑”到“竞跑”、从“依赖”到“自主”的转变，面向世界科技前沿，面向经济主战场，面向国家重大需求，面向人民生命健康，完善创新体系，建设科技强国。

自立自强，不是自我封闭、自我隔绝。创新要想攀登高峰，就得不断吸收人类最新科学理论和技术成果，在与世界各国的交流合作中谋求共同进步。要以更加开放、更加包容、更加务实、更加主动的思维和举措，融入全球创新网络，促进国

际国内两个市场、两种资源的创新循环、双向流动。

三、打造企业为主、产学研用的创新群落

创新作为一个经济学概念，最早由世界著名经济学家熊彼得提出。他认为，“创新是企业家对生产要素和生产条件的重新组合”。企业是市场的主体，理所当然是创新的主体；科技与经济的结合，很大程度上是科技与企业的结合，是先进理论、共性技术和企业产品的结合。

要让各类创新要素向企业集聚，让企业拥有更多的创新自主权，让企业家拥有更多的创新话语权。从日本经验看，20世纪70、80年代，为实现半导体产业的赶超，日本通产省组织三菱、东芝、日立等大企业成立超大集成电路联合体进行攻关，企业出资300亿日元，政府出资400亿日元，产生出上千项专利；到1988年，全球10家最大的半导体公司，日本占到6家。后因美国强势打压才滑向边缘。

高等院校、科研机构是创新理论、创新知识的源头，必须构建以企业为主体、产学研用一体化的科技创新体系，让产学研用深度融合发展。产学研用的创新群落是创新生态体系中的关键一环。企业与大学、科研机构协同创新，才能够产生持续不断的科技成果和应用技术。任正非先生说，华为支持了300

多所大学、900多家科研机构，培养了700多个数学家、800多个物理学家、120多个化学家、6万多名工程师。这是华为专利申请位居全球企业前列、5G技术处于世界领先水平的重要支撑。

四、发挥有效市场、有为政府的创新作用

我国社会主义市场经济体制有一个鲜明的特征，就是市场和政府两只手发力，充分发挥市场在资源配置中的决定性作用，更好发挥政府作用。中央“十四五”规划建议，有一个新提法：“推动有效市场和有为政府的更好结合。”

可以说，市场是创新的根本力量，在科技创新领域，市场的力量大于政府的力量，市场重大需求是创新的内生动力。要让市场成为优化配置创新资源的主要手段，发挥市场对研发方向、技术路线、成果转化的主导作用，建立健全主要由市场决定创新要素价格的机制。

不容置疑，政府是创新的重要推动力量。政府的首要任务就是营造公平竞争的市场环境，严格知识产权保护，最大程度发挥市场配置创新资源的作用，最大程度地释放全社会的创新活力。

政府还有一项重大职责，就是运用好有为有限的举国体

制，聚焦最核心的领域和问题，强化基础研究，推动重要领域攻关，破解重大瓶颈制约。20世纪50、60年代，毛主席说，搞点原子弹，搞点氢弹，结果发挥集中力量办大事的优势，克服千难万险就搞成了。今天，有效市场加有为政府，将推动创新一路奋进，不可阻挡。

五、加大基础研究、风险投资的创新投入

基础研究是科技创新的源泉。这些年，我国研发经费快速增长，2019年达到22143.6亿元，位居世界第二，占GDP的比重为2.23%，与发达国家差距缩小，已经接近欧盟15国的平均水平。像华为这样的企业，2019年营业收入达到8588亿元，研发投入高达1317亿元，占比为15.3%；大疆之所以能够占据全球70%以上的无人机市场，也是舍得花本钱，研发投入占营业收入的15%。但是，我国基础研究经费占研发经费的比重，2019年只占6.03%，远远低于2018年美国的18.65%、日本的22.14%、英国的18.1%、法国的22.74%、韩国的25.77%。

中央“十四五”规划建议提出，“支持北京、上海、粤港澳大湾区形成国家科技创新中心”。数据显示，2018年基础研究经费占研发经费的比重：北京为14.7%、上海为7.7%、广东为4.3%。深圳作为现代化先行示范区，已成为国内外瞩目的

创新城市。2019年，深圳市战略性新兴产业占GDP的比重为37.7%，高出全国平均水平25个百分点；国际专利申请量17.5万件，占全国总量的29.7%；研发经费占比4.9%，是全国平均水平的2倍多；但基础研究经费占比不到3%。基础研究的短板，是我们很多“卡脖子”问题的根源，需要增加投入强度，提高研究水平。

风险投资是高新技术初创企业及产业的催化剂、发动机，科技创新高地必然是风险投资高地。依照清科研究中心的数据，2019年中美风险投资比较，中国是1577.8亿元，美国是9502.9亿元，有6倍之差，而经济总量只有1.5倍的差距；粤港澳大湾区的经济总量是旧金山湾区的2倍多，但风险投资却少9倍；深圳与硅谷的差距也有6倍之多。这也是我们的弱项，需要健全风险投资机制，加强政策引导。

六、建设科技设施、资源共享的创新平台

提升创新基础能力，必须加快建设引领型、突破型、协同型、基础型的重大科技设施，以底层基础技术与工艺构建起开源开放平台和工业互联网、物联网等技术体系平台、产业生态平台。

比如战略综合类平台，服务国家战略目标和重大需求的国

家实验室；科学研究类平台，瞄准科学前沿和重点行业发展方向的国家重点实验室；技术创新类平台，聚焦国家战略产业技术领域的国家工程实验室、工程研究中心、工程技术研究中心、企业重点实验室和技术中心等；基础支撑类平台，涵盖科研仪器、科研设施、科学数据、科技文献、实验材料等科技资源共享服务体系。

美欧等老牌科技强国、日韩等新兴科技大国都高度重视重大科技基础设施建设和科技资源共享。旧金山湾区拥有全球顶级的3个国家实验室，如劳伦斯伯克利实验室，下设8个研究所和中心，产生了反质子、反中子等多项撼动世界的原创性科技成果，诞生了13位诺贝尔奖获得者。

在“十三五”规划期间，深圳做了一件很有意义的事情，国家重大科技基础设施评审确定10个项目，后面还有一些项目因财力紧张没有安排，深圳拿出200多亿元，自费建设6个项目，这是有远见、有气魄的。

七、吸引五湖四海、卓越不凡的创新人才

人才是创新的核心要素。习近平总书记说，“创新驱动本质上是人才驱动”。美国科技实力强大，很重要的一条，就是吸引、网罗全世界的人才。诺贝尔奖得主有200多个在美国，

占比达到65%以上，我国经济总量仅次于美国，却只有2个得主。

粤港澳大湾区要建设成为国际科创中心，深圳要追赶硅谷，最大的制约是人才。2019年2月，我到硅谷考察，令我印象深刻的是，旧金山湾区受高等教育人口占比为46%，而粤港澳大湾区为25%；硅谷拥有170多万多元化、国际化的科技人才，外籍人口占比达到36%，50%的初创公司是外国移民创办的，70%工程师是外国移民，而深圳现有外籍专家只有1.7万人。实行更具竞争力、吸引力的人才制度，要双管齐下。培养本土人才要从基础教育抓起，创新人才培养模式，促进人才合理流动，给予科技人才更多的利益回报和精神鼓励，以市场价值回报人才价值；吸引海外高端人才，要提供优厚的待遇，设立国际人才小区，创造便利的工作、生活环境，解决好住房、医疗、子女教育、出入境等实际问题。

八、弘扬宽松包容、自由探索的创新文化

创新往往是从无到有，极具开创性、挑战性、风险性，失败的多、成功的少。苹果创始人乔布斯的创新之路，也是经历了失败、再失败、无数次失败直至成功的过程。创新需要宽容失败，正向激励。

斯坦福大学教授在课堂上讲，好的点子、好的创意往往产生于“非共识”之中，开始难以得到大多数人的认同。科技创新需要一个宽松的环境，要鼓励探索，放松限制，倡导多元碰撞，允许“非共识”存在，善于从“非共识”中发现“金点子”“新大陆”。

在硅谷，Google给员工20%的时间自由支配；Facebook上班不打卡，时间不固定；斯坦福大学允许教师和研究人员每周有一天到硅谷兼职，甚至离职1、2年创业，许多教授集科学家、风险投资家、创业创始人于一身。中科院对3800多名青年科学家每年资助40万元，连续支持3年，自由探索，不定方向，不问结果，效果非常好，产生了一大批意想不到的成果。这些方法都给了我们许多启发。

世界百年未有之大变局，紧要之处在于科技创新以及由此带来的产业变革。让我们与创新结伴而行，以创新促发展、开新局、谋未来。

徐宪平 国务院参事、北京大学光华管理学院特聘教授

构建反垄断法新规则体系 做大做强数字经济产业

数字经济的发展对于加快形成以国内大循环为主体、国内国际双循环相互促进的新发展格局而言，有着十分重要的推动作用。数字经济平台的贡献在于其盘活了传统生产要素并激活了数据等新型生产要素，使各类生产要素能够在更广阔的时空范围内得到更精准的配置。但这一过程亦伴随着大量侵权行为，凸显了产权界定与保护的困境。中国过去二十年为互联网与数字经济的发展提供了较为宽松的法律与政策环境，但当平台巨头“非法兴起”成为既得利益者后，其利用自身优势实施的种种反竞争行为却阻碍了数据等资源的开放共享，也对基于工业经济的反垄断法理论基础与规制体系提出了挑战。

平台经济领域中的垄断问题不仅对广大消费者（用户）与中小微企业的合法权益造成侵害，更有可能给国家安全带来隐患。基于此，有关平台经济领域的反垄断问题愈发受到国家层面的重视，国家多次发布有关反垄断的表态与政策。2020年10月29日，党的十九届五中全会通过的《中共中央关于制定国民经济和社会发展第十四个五年规划和二〇三五年远景目标的建议》两次提到有关反垄断的问题，分别指出“畅通国内大循环。依托强大国内市场，贯通生产、分配、流通、消费各环节，打破行业垄断和地方保护，形成国民经济良性循环”“健全公平竞争审查机制，加强反垄断和反不正当竞争执法司法，提升市场综合监管能力”。

2020年11月10日，国家市场监管总局就《关于平台经济领域的反垄断指南（征求意见稿）》（以下简称《指南》）向社会公开征求意见。2020年12月11日召开的中央政治局会议与12月16日至18日举行的中央经济工作会议两提“强化反垄断和防止资本无序扩张”。与此同时，我国数字经济立法亦在积极应对，例如《电子商务法》创造性地引入了滥用市场支配地位和相对优势地位条款，国家市场监管总局于2019年发布的《禁止滥用市场支配地位行为暂行规定》以及于2020年发布的《<反垄断法>修订草案（公开征求意见稿）》和《网络交易监督管理办法（征求意见稿）》，对平台、数据等相关元素进一步规定了具体条款。

目前全球范围内，拥有数字技术优势的大型科技公司正在遭受愈加严格的反垄断规制，近年来美国和欧盟对亚马逊、谷歌、脸书、苹果等大型科技公司进行了大量反垄断调查。2020年12月15日，欧盟委员会公布了《数字服务法》

(Digital Service Act, DSA)与《数字市场法》(Digital Market Act, DMA)草案，旨在强化对大型在线平台的规制，促进数字市场的自由与公平竞争。

《指南》如果顺利出台将是中国反垄断当局规制大型科技公司利用互联网平台实施垄断行为的第一个政策性文件，其效力等级相当于部门规章。《指南》包括六章二十四条，结合了平台经济的特点，对《反垄断法》及相关法律法规确立的基本制度进行了细化、阐释和说明。本文拟就《指南》的若干重点进行解读。笔者认为，国家出台相应的政策文件规制，通过构建反垄断法新规则体系，保护消费者权益和行业竞争秩序，最终也是为了做大做强数字经济产业，提升我国数字平台的国际竞争力。

一、规制对象与相关市场界定

《指南》第一章“总则”明确其规制的行为是“互联网平台经济领域垄断行为”，规制的主体是平台经济领域经营者，包括平台经营者、平台内经营者以及其他参与平台经济的经营者（借鉴《电子商务法》），并对“平台”“平台经济”“平台经营者”“平台内经营者”等相关概念进行了界定。笔者主持的中国人民大学竞争法研究所、未来法治研究院数字经济研究中心发布了国内最早的相关研究报告，具体参见《数据垄断法律问题研究报告》（2018年1月）、《互联网平台新型垄断行为的法律规制研究报告》（2019年5月）。

平台经济领域反垄断法重构的逻辑起点在于其相关市场界定的特殊性。基于工业经济原理的反垄断法规制体系以价格因素为核心，虽逐步关注价格以外的竞争因素，但其相关市场界定方法仍然以价格为重点，例如产品功能界定法和假定垄断者测试(SSNIP)界定法等。但是以数据和算法为核心竞争因素的互联网平台往往通过提供免费服务（交叉补贴）进行质量等非价格竞争，加之平台竞争受到技术发展的影响，对潜在竞争市场的判断较为困难，使得传统以价格为核心的相关市场界定范式受到挑战。按照市场支配地位和相对优势地位双层规制架构体系，必要设施原则既可以打破必须以市场界定、市场支配地位的认定为前提的方式方法，按照相对优势地位理论逻辑和规制路径，考虑平台、数据、算法等特性加以调整。《反垄断法》的修订不仅仅需要导入必要设施原则进行立法化，而且要扩大适用范围，既包括上下游的纵向关系（没有竞争关系），也包括横向的有竞争关系的情形。

《指南》第4条指出，平台经济领域的相关市场界定需要遵循《反垄断法》和《国务院反垄断委员会关于相关市场界定的指南》所确定的一般原则，同时考虑平台经济的特点，结合个案进行具体分析。其中，平台经济领域相关商品市场界定的基本方法是替代性分析，相关地域市场界定采用需求替代和供给替代分析。相关市场界定在各类垄断行为的认定中发挥着不同作用，《指南》明确了不必界定相关市场的情形：（1）对于垄断协议，反垄断执法机构在违法性认定上可不明确界定相关市场，这是因为认定垄断协议主要适用本身违法原则，以节约执法成本。（2）对于滥用市场支配地位，相关市场界定通常是认定经营者滥用市场支配地位行为的第一步，但如果直接事实证据充足，（能够证明）只有依赖市场支配地位才能实施的行为持续了相当长时间且损害效果明显，准确界定相关市场条件不足或非常困难，可以不界定相关市场。（3）对于经营者集中反垄断审查，通常需要界定相关市场。

二、垄断行为类型

《指南》第二章至第四章沿袭《反垄断法》的框架结构，对平台经济领域垄断协议、滥用市场支配地位、经营者集中、滥用行政权力排除限制竞争四类垄断行为的规制进行了细化，特别是对算法共谋、轴辐协议、“二选一”与“大数据杀熟”等热点问题进行了回应。

（一）垄断协议

数字经济时代经营者达成垄断协议的形式已不限于传统的书面、口头等形式，算法也可以成为共谋的工具，使平台经济领域经营者之间在没有任何正式协议或人际互动的情况下达成并维持协调一致的行为。通过大数据和算法形成的共谋行为较传统的垄断协议具有更大的隐蔽性，例如可以通过算法监视、预测和分析竞争对手目前或未来的定价，实现对竞争对手定价的跟踪，这为协同定价创造了条件；还可以利用算法执行垄断协议，利用监督算法迅速察觉那些背离协议的企业，以维持共谋的稳定性。《指南》明确了平台经济领域经营者可能通过技术手段、平台规则、数据和算法等方式达成、实施垄断协议，特别是达成实质上的协同行为，这为认定默示算法共谋提供了规范依据。认定平台经济领域协同行为可以根据直接证据或逻辑一致的间接证据，并允许被指控经营者提供相反证据。

（二）滥用市场支配地位

《指南》关于认定或推定平台经济领域经营者具有市场支配地位的因素之规定，在以市场份额确定支配地位之外，仍应结合平台对特定数据的控制能力、与下游企业的依赖关系等因素，同时将是否促进创新、是否保护消费者福利作为考量行为是否导致竞争损害的最终标准。笔者对该方面的研究可追溯至2019年10月，笔者主持的中国人民大学竞争法研究所发布了《关于将“鼓励创新”作为中国〈反垄断法〉立法目的可行性研究报告》。《指南》表示，对于平台设定、解释、执行规则的行为应予以肯定，但是必须明确平台行使权力的界限，尤其是在规则的解释过程中应当遵循明确性、一致性、无歧视性的原则。《电子商务法》第22条已经绕开了相关市场界定，将技术优势、用户数量（其实质是数据）和依赖关系等作为市场支配地位认定的新标准体系，比德国等国家更早实现了“数字经济反垄断法”，体现了我国的制度自信。因此，笔者建议将《电子商务法》第22条内容正式纳入《反垄断法》修订草案中。它充分体现了平台经济的特点，并对滥用市场支配地位行为的类型进行了详细列举：

1. 不公平价格行为与低于成本销售：目前中国互联网行业巨头林立，一旦有新兴领域出现，往往引发巨头涌入开启烧钱补贴大战（“掠夺性定价”），此前的外卖、网约车、共享单车等无不如此。针对此现象，《指南》规定：“分析是否构成低于成本销售，一般重点考虑平台经营者是否以低于成本的价格排挤具有竞争关系的其他平台经营者，以及是否在将其他平台经营者排挤出市场后，将价格提高并不当获利等情况。”而一旦决出胜负、完成并购后，寡头便会开始提价，让消费者将此前享受的补贴还回来，涉嫌实施不公平价格行为，《指南》对分析是否构成不公平高价或不公平低价的考虑因素亦作出了详细规定。

2. 拒绝交易：近年来“头腾大战”愈演愈烈，腾讯频繁在其微信、QQ等社交平台屏蔽字节跳动旗下App的分享链接。2020年2月29日，字节跳动旗下办公套件飞书发布官方公告称，飞书相关域名被微信全面封禁，并且被单方面关闭微信分享API接口。腾讯掌控的社交平台具有一定意义上的必需设施属性，其实施的封禁行为有新型垄断行为之嫌。《指南》将“必需设施”纳入了分析是否构成拒绝交易的考虑因素（但非必要因素），并对认定相关平台或相关数据是否构成必需设施的考虑因素进行了详细列举。需要注意的是，《指南》关于拒绝交易的规定可以与《中华人民共和国反不正当竞争法》（以下简称《反不正当竞争法》）第12条关于“恶意不兼容”的规定相衔接。

数字经济平台的竞争规制体系中首要的问题是反不正当竞争法问题。2014年初笔者承担原国家工商行政管理总局（现国家市场监督管理总局）委托的《反不正当竞争法》的修改研究，具体设计和参与了《反不正当竞争法》（2017）第12条互联网不正当竞争等条款以及滥用相对优势地位等修改工作。2015年4月，全国人大常委会审议国务院提交的修订草案送审稿中保留了草案第6条，但最终通过的新《反不正当竞争法》删掉了相关条款，只保留了第12条。

反垄断法规制的是具有市场支配地位的经营者实施的具有排除、限制竞争效果的不兼容行为，而反不正当竞争法并不考虑实施该行为的经营者的市场地位，其规制的是那些并非利用市场优势地位而是利用技术手段实施的不兼容行为。因此，若原告难以举证证明实施不兼容行为的被告具有市场支配地位，可以退而求其次，提起不正当竞争之诉。

此外，欧盟《数字服务法》对被认定为“守门人(gatekeeper)”的大型在线企业施加开放共享义务的相关规定，亦对处理大型数字平台滥用自身优势地位实施封禁、屏蔽、不兼容等类拒绝交易行为提供了借鉴。《数字服务法》对“守门人”的概念与认定、应承担的义务及法律后果等进行了详细规定。守门人通常控制着至少一种核心平台服务（如搜索引擎、社交网络服务、某些信息服务、操作系统和在线中介服务等），充当着企业用户连接消费者的重要门户，拥有持久、庞大的用户基础，在相关数字市场占据或预期占据稳固而持久的地位，因而在事实上拥有规则制定的权力。守门人应当积极履行的开放共享义务，主要包括：守门人应在特定情况下允许第三方与自己的服务进行交互操作；守门人应为在其平台上投放广告的公司提供访问守门人的性能衡量工具以及独立验证所需的信息；守门人应允许其企业用户在守门人平台之外推广其服务并与客户签订合同；守门人应为企业用户提供访问守门人平台上的活动所生成的数据权限等。

3. 限定交易：限定交易在平台经济领域的表现形式主要是平台经营者强迫平台内经营者“二选一”，例如电子商务领域阿里巴巴与京东的二选一之争，外卖领域美团与饿了么的二选一之争等。此前腾讯在“3Q大战”中亦实施了“产品不兼容”行为（用户“二选一”），但最高人民法院最终认定该行为虽然对用户造成了不便，但并未导致排除或者限制竞争的明显效果，因此不构成反垄断法所禁止的滥用市场支配地位行为。《指南》专门将平台经营者常见的二选一做法纳入了规制范围，此前《电子商务法》第35条亦规定电子商务平台经营者不得利用服务协议、交易规则以及技术等手段，对平台内经营者与其他经营者的交易等进行不合理限制或者附加不合理条件。笔者作为全国人大财经委电子商务法起草工作小组成员，在设计起草了电子支付的相关条款后研究设计了平台经营者滥用相对优势地位条款即后来的第35条，该条实质规制的是滥用相对优势地位行为。需注意，《指南》规制的只是“要求交易相对人在竞争性平台间进行‘二选一’或者其他具有相同效果的行为”，从文义解释来看属于强迫型独家交易，不包括平台内经营者与平台经营者自愿达成独家交易协议。本文认为特定平台因自身优势吸引大量商家自愿与其进行独家交易，可能使得其他平台无法获得足够的入驻商家进而被迫退出市场的情形，只是强化了该特定平台的市场地位，并不涉及该特定平台是否实施了滥用行为，因此反垄断法对此种自愿型独家交易不应干涉，当然不排除此种自愿型独家交易协议在符合条件的情况下构成纵向垄断协议。

4. 搭售或者附加不合理交易条件：例如软件或App捆绑安装、付费引流等，《指南》专门规定了强制收集用户信息也可能构成附加不合理交易条件，这符合加强个人信息保护的立法趋势。

5. 差别待遇：差别待遇指的是无正当理由对交易条件相同的交易相对人实施差别待遇，因此关键在于如何认定“交易条件相同”。《指南》从正面规定了“条件相同是指交易相对人之间在交易安全、交易成本、信用状况、所处交易环节、交易持续时间等方面不存在实质性影响交易的差别”，并从反面规定了“平台在交易中获取的交易相对人的隐私信息、交易历史、个体偏好、消费习惯等方面存在的差异不影响认定交易相对人条件相同”，这有助于规制平台基于大数据和算法违背用户意愿进行“大数据杀熟”和“精准推送”（“个性化推荐”）的行为。

笔者2015年关注互联网平台的数据垄断问题，提出数据流量入口垄断问题，即互联网平台通过技术设置实现流量劫持，阻止消费者访问竞争对手平台，引导消费者转向自身平台。此外，就上述低于成本销售、拒绝交易、限定交易、搭售或者附加不合理交易条件、差别待遇的行为，《指南》也规定了平台经营者可以提出证明其行为具有正当性的理由（“安全港”），但并未明确规定该抗辩的法律后果。

（三）经营者集中

《指南》明确将涉及VIE（Variable Interest Entities，可变利益实体）架构的经营者集中纳入了经营者集中反垄断审查范围，表达了反垄断执法机构的态度。在VIE架构中，实际控制人不通过股权关系控制运营公司，而通过签订一系列协议的方式，实现对运营公司的经营控制以及财务并表。实施控制的非运营公司注册在海外，从而便于境外融资和税务筹划；而通过协议方式被控制的实际运营公司为内资企业，通常在对外商投资有限制的领域持有资产和开展业务。一般认为VIE架构始于新浪赴美上市采用的模式，故亦称为“新浪模式”。虽然VIE架构解决了内资企业海外上市和国内运营的两难问题，但却引发了与经营者集中申报与审查有关的两难问题。笔者对这方面的研究有《数据竞争的国际执法案例与启示研究报告》，该报告于2020年1月5日在由中国人民大学竞争法研究所、未来法治研究院数字经济研究中心与中央党校政法部共同组织的“数据竞争的国际执法案例与启示研讨会”上发布，笔者担任课题组组长。

事实上，自2008年《反垄断法》实施以来，无论是商务部还是国家市场监管总局主管时期，没有任何规范性文件将涉VIE架构经营者集中交易排除出应申报交易之列，然而长期以来，经营者与反垄断执法机构对此类交易的申报与受理均采取回避态度。国内至今尚无大型互联网公司的并购交易依据《反垄断法》进行事前主动申报接受反垄断审查获批的先例，也无任何一家互联网公司因未依法申报就实施并购而被处罚。2020年7月16日，国家市场监管总局反垄断局无条件批准了“上海明察哲刚管理咨询有限公司与环胜信息技术（上海）有限公司新设合营企业案”，这被视为中国反垄断执法机构首起无条件批准的涉VIE架构的经营者集中。造成过往回避态度的原因主要在于，经营者集中申报人需要在《经营者集中反垄断审查申报表》中就“本项交易的合规性及集中各方在中国境内的合规性”予以说明，而我国外商投资法律对于VIE架构的合法性未置可否（2019年发布的《外商投资法》最终亦删去了有关VIE的法律条款），使其成为灰色地带。由此导致，一方面申报人因无法确定合规性而回避申报；另一方面审查机构因担心被解读为对VIE架构合法性进行官方背书而回避受理。

但是《指南》并未明确对于既往应申报而未申报的涉VIE架构经营者集中交易如何处理，特别是是否进行行政处罚。如果进行行政处罚，亦需考虑处罚时效的起算时点问题（《行政处罚法》第29条）。2020年12月14日，国家市场监管总局对阿里、阅文、丰巢三起涉VIE架构的未依法申报违法实施经营者集中案作出了处罚决定，这明确传达了当前的执法趋向。当然经营者最好主动与反垄断执法机构沟通，寻求行政和解等柔性解决方案。

三、行政垄断——反垄断法理论基础的反思

平台经济领域的行政垄断本身并无多少特殊性可以着墨，此处可以反思一下反垄断法的经济学基础。垄断是与竞争自由相对应的概念。竞争自由意味着每一个行业与职业在法律上对每一个认为自己有能力且有意愿从事的人开放，并且买方能在他们之间自由选择。垄断是对竞争自由的侵犯，因此毫无疑问政府施加的强制与授予的特权是对竞争自由的侵犯，这是规制行政垄断的正当性基础。行政垄断的效果是保护高成本、低效率的经营者免受竞争。

我国在现行《反垄断法》制定过程中也曾反复研究讨论

如何借鉴日本法导入该制度，特别是商务部在与日本政府对外技术援助机构——日本国际协力机构（JICA）的“中日经济法企业法完善项目”（2003年—2010年）实施过程中开展了相关研究，该项目针对我国《反垄断法》《公司法》《民法典》等法律制定和修改举办赴日立法考察等（时任商务部条约法律司竞争法律处处长吴振国具体负责该项目），商务部是牵头单位，具体由全国人大、国务院法制办等相关立法部门负责实施。笔者自2003年3月参加该项目，担任商务部该项目的办公室特聘专家，负责项目协调等相关工作。

除去行政垄断，反垄断法剩余规制的经济学基础是马歇尔开创的新古典经济学。新古典经济学脱离现实的“完全竞争”模型错误地认为企业应根据边际成本定价，将正常的竞争手段斥为垄断，其本质上是对拒绝承受不必要损失的企业的攻击。这种错误的垄断概念是无政府主义自由概念的必然结果，其含义是个人可以通过拒绝向他人提供传播其思想的物质手段来侵犯言论或新闻自由，也可以仅仅凭借拥有更大的资本和更高的能力来侵犯竞争自由。因此垄断更多是一种政治现象而非经济现象，数字经济反垄断亦必须反思政府力量是否为一些互联网企业与数字经济平台提供了直接或间接的“垄断性保护”，致使其他经营者的竞争自由受到了非市场力量的阻碍。

所谓的数字经济实现了从工业经济的“生产大爆炸”到“交易大爆炸”的转型并非幸事，其背后隐含的是人们的注意力错误地从生产转向消费、从商品转向服务的现实。从这个角度而言，通过反垄断等方式抑制互联网巨头非生产性经济活动的扩张，有其积极作用。

杨　东　中国人民大学国发院金融科技与互联网安全研究中心主任、区块链研究院执行院长

“十四五”期间数字化发展的变革之路

2020年10月29日，《中国共产党第十九届中央委员会第五次全体会议公报》发布，总结了“十三五”规划的完成情况，并对“十四五”规划的主旨思想进行了阐述。全会审议通过了《中共中央关于制定国民经济和社会发展第十四个五年规划和二〇三五年远景目标的建议》（以下简称《建议》）。

“十四五”是开启全面建设社会主义现代化国家新征程、向第二个百年奋斗目标进军的第一个五年。《建议》在综合分析当前国际国内局势后对下一阶段中国发展指明了道路，国际环境方面，截至2020年年末，全球多数国家尚没有走出疫情阴霾，主要经济体只有我国疫情防控态势良好，抛开疫情因素，新一轮全球竞争大幕拉开，在百年未有之大变局背景下，我国依旧处于重要的战略机遇期；国内来看，我国的主要矛盾已经发生深刻改变，在全面建成小康社会即将胜利收官之时，发展不平衡不充分成了主要的问题，城乡发展速度与收入水平差距较大，尖端科技被“卡脖子”，民生保障存在短板，生态保护压力增加，社会治理还有弱项，继续推进关键环节的改革任重道远。如此背景下，以深化供给侧结构性改革为主线，加快形成以国内大循环为主体，国际国内双循环相互促进的新发展格局成为“十四五”规划的总纲。中共中央新闻发布会强调《建议》的核心要义体现在三个“新”，即新发展阶段、新发展理念、新发展格局。在这样一个历史交汇、复杂多变的时刻，在变化中找寻那条不变的主线非常重要。笔者认为，这条主线便是坚持科技创新，数字产业作为今天科技创新的排头兵，需受到特别的重视。

实际上，十九届五中全会也提出了要加快数字化发展。显然，数字化发展是应对新发展阶段、贯彻新发展理念以及构建新发展格局的重要抓手，也是“十四五”时期国家经济建设的重头戏。数字化将扮演变革、融合和创造三重角色。

变革：实现需求供给有机结合

《建议》指出，形成国内强大市场，构建新发展格局，把扩大内需和供给侧改革有机结合起来。同时，在2020年12月11日的政治局会议上，国家又提出了“注重需求侧改革”。其实这些信号都表明了，当经济发展进入新阶段，扩大内需、形成强大的国内市场并不是一个简单刺激的问题，相反，这是一个系统化的工程，涉及到生产、流通、消费等各个环节。

如何理解数字化对于构建“双循环”发展格局的意义，我想主要体现在三个方面。首先，数字化带来了要素的变革，改变了过去以资本、劳动和土地为主的要素投入方式，加入了数据这一特有的生产要素。同时，传统生产要素也在数字技术的加持下与数据结合形成数字化的生产要素，比如以智能机器人为代表的“数字劳动力”。要素市场的变革下，一方面，数字技术直接提高资本与劳动的产出效率。另一方面，在新要素的参与下，要素重新整合排列，形成更有效率的要素投入安排，两相结合带来供给市场效率的提升。更进一步，数字技术的发展或将改变过去制度推动的供给侧结构性改革模式，将改革推动力转为创新驱动内生驱动。

其次，数字化发展带来需求的变革。数字经济时代，各种新模式新业态的产生极大地便利了人们的消费过程，提升了人们的消费体验，从而进一步释放了人们的消费热情，以电子商务为首的数字经济商业模式改变了年轻一代人的生活，电商制造的“购物狂欢节”成了中国经济发展的一个新指标。数字化对于需求的赋能除了释放存量的作用外还有创造增量，数字经济时代边际成本的持续降低给了服务商提供差异化服务的可能，而更多个性化需求被满足的同时又催生出更多新的需求，消费心理从盲目的攀比走向理性的求异。从这个角度来看，需求和供给是分不开的两个方面，只有将需求和供给有效地结合才能发挥需求牵引供给、供给创造需求的作用。

最后，“双循环”强调国内国际两个大局，而数字化的发展也绝不是重内不重外。从数字经济的组成来看，数字贸易是其中重要的组成部分，疫情期间，也正是靠着诸多跨境电商平台的合作，帮助更好地调动全球的医疗物资。同时，服务贸易占比的逐渐提升也有数字化发展的贡献。据贸发会议的数据，2008—2018年，全球数字服务出口规模从18379.9亿美元增长到29314.0亿美元，年平均增长率约为5.8%。越来越多的知识、产权服务开始转为数字化的形式。

融合：催生发展新动能

数字化概念本身就有融合的意思，其包含了数字技术与传统技术的融合、数据要素和传统要素的融合、数字模式和传统模式融合。而对应于这样的融合模式，需要不断沉淀数字基础设施，形成多方参与治理结构来实现经济发展新旧动能的转换。

《建议》提出“构建系统完备、高效实用、智能绿色、安全可靠的现代化基础设施体系，系统布局新型基础设施，加快第五代移动通信、工业互联网、大数据中心等建设”。这些无一不指向数字基础设施，数字基础设施的作用主要体现在两个方面，其一是作为数字产业化自身，能够替代传统的基础设施建设，成为新的投资刺激点。数据显示，2019年，数字产业化增加值达7.1万亿元，同比增长11.1%。未来，新型数字基础设施建设将继续带动数字产业化快速发展。其二是作为企业数字化的基础，帮助企业降低数字化转型门槛，减少数字化转型成本。当前，我国中小企业数字化转型还处于发展的早期阶段，应构建现代化的基础设施体系让中小企业想转、敢转、能转。

数字化发展下的多方参与治理结构对于实现新旧动能的作用同样重要，数字科技的作用不止体现在市场之上，也推动着国家治理体系向着更高层级迈进。特别地，在推动数据共享以及构建政府办公平台的背景下，多方参与的治理结构逐渐形成，部门协同、社会参与成为可能，疫情期间政府各部门、国企以及民众之间的有效联动正是这种治理结构升级的体现。多方的参与不仅改变了单方决策的不合理模式，也让各方社会主体有了更多的参与感。同时，治理结构的完善也代表着数字化发展进入了新的阶段。过去我们总将数字化发展归为数字产业化和产业数字化，今天，治理数字化同样要被算在其中，而且将代替体制变革成为经济发展新的助推器。随着治理数字化的发展，政府与市场的边界将趋于模糊，但关系会理顺，数字政府的建立将政府的工作更多地隐于台后，加强服务属性，进一步释放市场活力。

完备的基础设施和高效的治理体系建设是新旧动能的重要保障，而最终转换的工作还是落在融合发展之上。数字经济是新科技、新要素参与下的新经济形态，其本身的发展就是新旧的一种转换，而我们需要做的就是发掘新经济形态更多的可能性。这种可能性在十年前叫电子商务，在五年前叫共享单车，在两年前叫短视频。这是一种应用的创新、模式的创新，但同样蕴含着我们的需求和想象。

创造：完善产业体系，发挥科技引领作用

《建议》不仅是未来五年国家的工作计划指导文件，也是我国在重大发展节点承前启后的一个文件，从更长远的角度来看，数字化发展肩负着更大的使命，将持续发挥科技的引领作用。所以我们需要做的是跟着数字化发展的脚步，构建完善的产业体系，将发展落实到产业体系，落实到实体经济，真正实现制造强国、科技强国和数字强国。

我们要看到发展机遇，正视发展短板，保持发展信心。数字产业是面向未来的产业。首先，我们应从四化入手进行更多的基础性研究，保证在尖端科技方面安全可控，不受制于人。近年来，自由贸易发展受到以美国为首的多国阻碍，建立独立自主的完整产业链变得愈发重要。我们要认识到数字

经济发展是一个全方位的技术、要素融合过程，在数字经济时代，木桶效应更加明显，我们接受分工，但不依赖分工。“十四五”期间，我们应抛弃无谓的幻想，脚踏实地，充分发挥当前产业数字化带来的发展收益，投入更多的资金在完善产业链条之上，将各行业的供应链优化上升到战略层面。其次，大力推动中小企业数字化转型，鼓励大型互联网企业输出转型经验、转型资源，营造全社会共同数字化的良好氛围，让更多人享受到科技创新带来的福利，发挥科技创新在经济发展以及社会发展上的引领作用。最后，数字经济时代要更重视人才的培养，一方面鼓励培养创新企业家，一方面鼓励培养基础研究人才，用数字产业的发展反哺数字人才的培养，完善产业链，打下发展的良好基础，提供发展的不竭动力。

盘和林　中南财经政法大学数字经济研究院执行院长、教授

第四章

开拓新局面

站在新的历史起点，我们应看到：要素流动不畅、资源配置效率不高和微观经济活力不强等体制性障碍与难题尚未得到根本解决。同时我们还要实现更大、更宽、更深以及更规范的“高水平”对外开放目标，做好准备迎接深化经济体制改革、提升中国企业的全球竞争力和处理好政治与经济关系的多重挑战。

构建新发展格局，建设更高水平的开放型经济新体制

在“十四五”战略布局的表述中，明确提出协调推进全面建设社会主义现代化国家、全面深化改革、全面依法治国、全面从严治党的战略布局。这昭示着我国即将迈入全面建设社会主义现代化国家的新发展阶段，开启第二个百年奋斗目标的新征程，这对于中华民族伟大复兴具有重要意义。

建设制造强国、质量强国

公报提及“加快发展现代产业体系，推动经济体系优化升级。坚持把发展经济着力点放在实体经济上，坚定不移建设制造强国、质量强国、网络强国、数字中国，推进产业基础高级化、产业链现代化，提高经济质量效益和核心竞争力。”为实现2050年全面建成社会主义现代化强国目标，我国需要牢牢把握发展实体经济的坚实基础不动摇，而实体经济的核心必然以“制造强国”作为支撑。中国是世界上的制造大国，成为“制造强国”会涉及超大规模市场量和质的要求，

其核心就是“质量强国”。一方面，以高质量发展为主题，要讲究创新、协调、绿色、开放、共享发展的高质量。另一个方面，以高质量发展为主题，要讲求供给需求、投入产出、分配、流通、消费、国民经济循环等以“国内大循环”为主体、“双循环”相互促进形成新发展格局。从我国社会主要矛盾变化和新发展理念的角度来看，“制造强国”的根本目的是要满足人民日益增长的美好生活需要。

20世纪90年代，被称为超级全球化驱动世界经济进入黄金增长的快车道，世界人均GDP增速亦进入历史上最快的时期。在国际工序分工的时代，一个产品在全球不同的地方完成，还可以做到及时供货、零库存。在那个阶段，我国以参与国际大循环为主体，依靠扩大出口、招商引资，发展了市场经济、外向型经济和工业经济。在新冠疫情、贸易战、去全球化的冲击下，那个只追求效率、利润、增速的时代结束了。但同时，一个神奇的时代到来了。数字全球化、服务全球化、人文全球化推动产业链供应链更短、更有弹性和韧性、更能够精准满足新需求痛点。

国际大三角分工格局发生了深刻调整。过去，美欧生产网络为世界提供市场和技术服务，中东和亚非拉为世界提供能源资源，东亚生产网络为世界提供劳动力和制造环节。然而，新冠疫情后，世界开始出现需求东移、供给东移、创新东移、服务东移、资本东移的新趋势。尤其是中国加快构建国内大循环为主体，国内国际双循环相互促进的新发展格局，培育新形势下参与国际合作竞争新优势，加快了东亚生产方式转型。未来三十年，我国将确立国内大循环的主体地位，加快推动外向型经济模式走向开放型大国模式。

建设更高水平的开放型经济新体制

扩大开放是推动高质量发展的必由之路。我国将坚定不移奉行互利共赢的开放战略，既从世界汲取发展动力，也让中国发展更好惠及世界。在经济全球化受挫、全球产业链供应链收缩、国际贸易投资减速的背景下，我国依然坚定不移扩大开放，继续推动商品要素等流动型开放迈上新台阶，推动规则规制等制度型开放走进新层次，推动创新链、人才链等知识型开放跨入新阶段。

站在新的历史起点，中国开放的大门只会越开越大，五中全会为“十四五”深化对外开放指明了方向。我国将逐步形成以国内大循环为主体、国内国际双循环相互促进的新发展格局，培育新形势下我国参与国际合作和竞争新优势。这是一个开放大国的长期战略部署。

2020年是第一个百年目标的收官之年，为实现第二个百年目标，为建设社会主义现代化强国夯实基础，这需要解决好三个新的问题。第一，要在开放发展中构建我国科学、技术、人才、创新等内生性发展的体制机制、生态系统和跨境网络，与世界科技进步的步伐更紧密挂钩；第二，要在开放发展中构建规则、规制、管理、标准的现代化制度体系和法治架构，与国际高标准规则相衔接；第三，要在开放发展中构建安全可控的产业链、供应链、价值链、创新链的强国体系，开放合作、共享发展，与全球价值链高端网络相互对接。解决新三十年的三个新问题实际上就是为了构建更高水平开放型经济新体制，形成全面开放的新格局。

在具体落实“十四五”规划时，第一，要统筹“双循环”新发展格局中发展和安全的关系。过去构建全球综合物流和供应链体系，讲究产品内分工、国际工序分工，讲究零库存、及时供货。然而，受到新冠肺炎疫情全球大流行、中美贸易战以及反全球化等逆流严重冲击，未来全方位国际合作的发展需要更加开放，而这个过程中安全将受到更多关注。安全首先就是能够构筑国家的重大核心利益，包括供应链、粮食、能源、金融、信息等方面的安全，特别是重大科技创新产业链的供应链安全。

第二，构建高标准社会主义市场经济体系体制，重点在于统筹协调好市场与政府的关系。五中全会提出，“坚持和完善社会主义基本经济制度，充分发挥市场在资源配置中的决定性作用，更好发挥政府作用，推动有效市场和有为政府更好结合”。这是对政府和市场关系认识的重大突破，意味着通过“看不见的手”和“看得见的手”各自功能的有效发挥和协同发力，将成为发展新阶段激发新活力的重要手段。

第三，统筹“双循环”格局中的开放和风险问题。全球化到了下半场，显著的变化是全球开放风险显著上升，我们正经历世界百年未有之大变局。贸易保护主义、贸易战、大国冲突，以及世界普遍出现的民粹主义、单边主义、技术和投资保护主义显著上升。全球化开放风险凸显，既包括货币危机、金融危机、银行危机以及经济危机的风险上升，也包括地缘政治冲突、大国“科技”和“产业”脱钩等风险。这时风险就会上升得非常快，因此要统筹开放和风险的关系。

而实际上，传统的全球化在收缩，但服务的全球化、数字的全球化和人文交流的全球化却不断往前推进。在我国的数字化转型、服务化转型、城镇化转型的发展进程当中，蕴含巨大的商机。作为全球开放大国，扩大内需是我国发展的战略基点，今后将依托国内市场，着力打通生产、分配、流通、消费各个环节，形成国内大循环。另一方面，在做深、做实、做好国内超大规模市场的同时，深耕东亚、深耕“一带一路”市场、深耕欧美生产网络。如果做好风险管理和防范，很有可能出现一批非常优秀的国际化创新型企业。

结语

在新发展格局下，我们要辩证认识当前国际环境和国内条件变化，保持“开放带来进步、封闭必然落后”的战略定力，坚定尊重常识、规律和逻辑的历史耐心，努力在危机中育新机、于变局中开新局。中国将继续扩大市场开放，继续完善开放格局，继续优化营商环境，继续深化多双边合作，继续推进共建“一带一路”。站在新的历史起点，中国开放的大门只会越开越大，将有力推动新型全球化继续前行，增加中国人民和世界人民福祉，构建人类命运共同体。

张燕生　中国国际经济交流中心首席研究员

推动建设对外开放新格局

党的十九届五中全会公报将“形成对外开放新格局，参与国际经济合作和竞争新优势明显增强”作为2035年基本实现社会主义现代化远景目标的一项内容。对外开放是中国的基本国策，以开放促改革、以开放促发展也是过去40多年中国始终坚持的理念。当今世界正经历百年未有之大变局，2020年以来新冠疫情的全球大流行进一步加剧了世界经济的动荡局面，经济全球化遭遇前所未有的逆流，保护主义、单边主义上升，世界经济低迷，国际贸易和投资大幅萎缩，中国所面临的外部环境更加复杂，但中国推进社会主义现代化建设的决心和行动并未因此发生动摇。站在实现“两个一百年”奋斗目标的历史交汇期，五中全会公报将形成对外开放新格局纳入社会主义现代化目标中，体现出党中央对今后十五年开放型经济发展更高的期待和更深远的谋划，阐明了未来中国与世界经济发展的互动关系，彰显出中国坚持开放发展路线、推动全球各国合作共赢的良好意愿。

一、开放方能发展是古今中外颠扑不破的真理

经济对外开放是国家经济发展的路线选择。实现经济对外开放发展，一方面要积极参与国际市场，另一方面要扩大国内市场的自由化和开放度，使内外两个市场深度融合，促进人员、资金、技术、产品和信息等交流，在最大化市场范围内实现资源优化配置。更深层次地讲，对外开放代表着国家治理和发展的一种理念，意味着国家会顺应国际发展大势，吸收和包容一切先进事物，学习和采纳全人类的知识成果。随着全球化进程的不断加深，各国之间已然形成了我中有你、你中有我的共生共存格局，推进对外开放、拥抱全球成为实现国内经济发展的必然要求，也是国家走向繁荣的必由之路。

“开放带来进步，封闭必然落后”，这是古今中外人类社会发展史验证无数次的客观规律。回顾古今中外文明的发展历程，无论是早期的大河流域文明，还是之后的古典文明和中世纪文明，不同文明间的开放、交流和融合，是世界各地主要文明繁荣昌盛的普遍规律。世界文明史就是一部开放史，无论是通过主动平等的对外经济文化往来，还是被动暴力的征服对抗，世界文明都是通过保持与外界密切联系来获取源源不断的发展动能。那些曾在世界舞台上大放光彩的国

家和文明，都是顺应世界潮流，坚持开放发展理念，积极拥抱全球体系，同时在国内持续施行针对性改革，充分释放开放红利，进而实现国富民强。而只重视内部稳定和短期得失，对全球社会发生的改变视而不见，“闭关锁国”，就会失去经济持续发展的源泉。正是不同文明间的碰撞、交流与融合，推动了世界各地经济社会的发展。

中国的发展离不开世界。1978年中国开启了伟大的改革开放事业，为了推进国家经济发展、提升人民生活水平、加快实现国家现代化建设，中国学习先进国家和地区的发展经验，通过吸收外来投资、引进先进技术、发展对外贸易，极大地推动了中国的经济增长和社会发展。21世纪以来，加入WTO使中国快速融入全球市场，中国经济实现长期快速增长，综合国力显著提升，带动中国的产业升级和技术进步，广大人民群众的生活条件得到了极大改善，创造出全球人类发展史上的奇迹。更重要的是，通过思维上的“放眼世界”，中国的发展理念不断演变、自新，顺应全球发展大势，培育出一流的国家治理能力，国际治理影响力也有了长足进步。可以说过去四十多年中国的经济腾飞和社会进步直接受益于对外开放。

近年来，中国的对外开放步伐显著加快，开放领域和深度进一步提升。通过主动下调货物贸易关税、扩大服务业对外开放水平、颁布并持续缩短外商投资准入负面清单、依托自由贸易港（区）建设等，中国不断充实对外开放的内涵。中国推进市场开放、对接国际高水平经贸规则和营商环境的行动，为全球资源进入中国市场创造稳定、良好的预期。2020年初突如其来的新冠肺炎疫情使得中国经济贸易发展持续向好的势头短暂中断，但在全国上下团结一心、迅速行动之下，国内疫情快速得到控制，中国经济发展再次步入稳定运行轨道。同期，全球其他国家和地区特别是美国、欧盟等西方发达经济体深陷疫情困境、难见好转。面对疫情所带来的严峻挑战，中国以实际行动深化国际合作，尽己所能向200多个国家和地区出口防疫物资，推动构建人类卫生健康共同体；中国生产秩序快速恢复，满足疫情期间各国人民居家生活和工作需要，推动国际产业链、供应链稳定运转，稳定同各国各地区的经贸往来；同时中国在对外开放领域的步伐并未放缓，通过推动签署区域全面经济伙伴关系协定（RCEP）、正式实施新的《中华人民共和国外商投资法》等市场开放措施，为全球自由经贸秩序注入一针强心剂。根据国际货币基金组织（IMF）发布的报告，2020年全球经济陷入“大萧条”以来最严重衰退，当时预计全年GDP下滑4.9个百分点，而中国将成为主要经济体中唯一实现正增长的国家。商务部发布的数据显示，2020年1—11月中国进出口总额29.04万亿元人民币，增长1.8%，规模创历史同期新高；1—11月全国实际使用外资8993.8亿元人民币，实现了6.3%的同比增长。中国在开放经济方面保持定力，为各国出口企业和投资者提供了稳定的发展预期和巨大的市场机会。

二、国际国内新形势为中国的对外开放事业提出新要求

当前经济全球化进程正面临前所未有的挑战，同时经济社会正在经历第四次科技革命，5G、人工智能、云计算等产业技术领域的颠覆性突破带动全球化形式演变与国际产业分工转型。在这种背景下，对于中国这样拥有巨大经济体量、复杂的要素资源分布和地区发展不平衡的国家，构建对外开放新格局更需要与时俱进、谋定而后动，充分考虑国际国内条件的变化，发掘和探索适合自身的有效路径。

第一，新一代信息技术的加速发展应用和经济数字化转型升级的持续推进，深刻改变了经济社会的生产生活方式。特别是疫情期间互联网经济等新业态逆势成长，在中国和世界各国抵御疫情冲击、稳定社会经济运行方面起到了无可代替的作用，彰显出科技进步对于全球经济结构的再塑造能力。从经济全球化视角来看，信息技术和数字经济的快速发展与广泛应用极大地降低了贸易成本，为更多主体参与全球

市场创造了机会。信息技术的广泛应用和持续升级，吸引中小企业和发展中经济体融入全球生产和服务网络，推动经济全球化发展。

第二，国际竞争新优势表现为在全球价值链中的话语权和影响力，同时能够带动全球合作伙伴创造新价值。国际竞争的优势并非完全在国外市场产生，中国国内市场具备竞争力的中国企业同样可以以中国市场为跳板向外扩散，与产业链上下游企业构建起强韧的创新协同和业务配合关系。另一方面，未来数据、技术、知识产权等虚拟要素逐渐取代传统的土地、资源要素，在全球供应链中扮演更为重要的角色。因此，基于国内大市场锻造自身竞争力、积极运用先进技术改善资源配置效率、通过产业协同满足个性化且快速变化的消费需求，是培育国际竞争新优势的重要基础，这也是“双循环”模式下提供的机遇所在。

第三，抓住服务贸易快速发展所带来的新机遇。2005年至今，服务贸易平均每年增长5.4%，较货物贸易增速高出0.8个百分点。特别是2020年以来，在疫情导致全球物流阻滞、人员隔离的情况下，服务贸易已经取代货物贸易成为推动经贸领域全球化发展的核心力量。同时，新技术的应用也催生了新的服务贸易业态发展。在互联网、云计算和大数据等支持下，跨境电商、平台经济等新业态、新模式不断涌现，满足全球差异化消费需求，大数据、云计算、物联网等新技术在服务业领域的广泛应用，为教育、健康、医疗、文化等传统服务的跨境贸易提供了技术可能，跨越了服务生产与消费不可分离的障碍，服务贸易范围不断扩大。据WTO测算，到2040年，服务业在全球贸易中的份额可能增加50%，总额将达到世界贸易的三分之一，服务贸易有望成为“全球化新引擎”。

最后，还要注意到，开放不一定能使全体参与方受益，全球化的市场往往会导致利益的重新分配，对原有的经济秩序会带来一定冲击。在推进开放的同时，需要尽快建立起风险预警监测和应对机制，加强国际间合作和相关制度建设，减少各种不确定因素对经济社会造成的冲击。中国开放发展的机遇，也是世界各国发展的机遇。正如习近平总书记2020年10月在深圳经济特区建立40周年庆祝大会上所说：“我们坚定不移奉行互利共赢的开放战略，既从世界汲取发展动力，也让中国发展更好惠及世界。”

三、中国迈向社会主义现代化的对外开放前瞻

中国的经济腾飞之路从对外开放中获益良多，过去的实践与经验愈发坚定了中国扩大对外开放、推动全球化发展的

决心。当今世界正经历百年未有之大变局，新冠肺炎疫情全球大流行使这一趋势的演进进一步加速。伴随着国际形势和中国发展阶段的动态调整，对外开放的内容和形式也在持续发生变化。但不变的课题是，开放是国家强盛的必由之路。正如习近平总书记所说，“人类的历史就是在开放中发展的。任何一个民族的发展都不能只靠本民族的力量。只有处于开放交流之中，经常与外界保持经济文化的吐纳关系，才能得到发展，这是历史的规律”。过去40年中国经济发展是在开放条件下取得的，未来中国实现社会主义现代化也必须在更加开放的条件下进行。中国要辩证认识推进对外开放所面临的机遇与挑战，既要为一系列新的风险挑战做好准备，又要从中华民族伟大复兴战略全局出发，勇于开顶风船，善于转危为机，努力实现高质量、高效率、可持续的发展。

第一，充分发挥国内国际两个市场各自的优势，加快形成国内国际双循环相互促进的新发展格局。强调以国内大循环为主体，并不是将对外经济交往置于次要地位。随着中国在世界经济版图中的地位持续攀升，中国同世界经济的联系会更加紧密，为其他国家提供的市场机会将更加广阔。中国要充分发挥国内超大规模市场优势，增强国内国际经济联动效应，为国内外主体提供公平竞争市场环境和发展机会，吸引全球商品和要素流入中国，培育具有全球竞争力的产业部门和企业，让全球共享中国市场红利，为国内国际经济发展同时注入活力。

第二，加快构建开放型经济新体制，从政策开放向制度开放转型。继续完善涉外经济法律法规体系，赋予不同经济主体平等地位，大力提高法律实施和执法水平，构建健全、稳定、可预期的开放体制。以自由贸易试验区建设为抓手，加大开放制度先行先试力度，探索更多可复制可推广的经验。赋予服贸会、进博会、广交会等贸易投资平台更强的市场探索和资源配置功能，进一步提高中国利用国际国内两个市场进行资源优化配置的能力和效率。

第三，积极参与全球经济治理体系建设，努力打造互利互惠全球贸易投资规则体系。基于已有的国际治理规则体系，积极创新治理体制机制。推进“一带一路”高质量发展，将普惠发展的理念进一步注入到全球经济治理体系各层次平台中；坚持经济全球化和自由化的发展主线，把握求同存异的治理方针，推动世界贸易组织改革进程；以区域/双边自贸协定为载体，加速中欧全面投资协定谈判和落地，推进中日韩自贸协定等自贸协定谈判进程，促进世界各国贸易投资往来和经济持续增长，书写全球各国互利合作、共商共赢的新篇章。

第四，把握科技创新方向，创新开放经济发展模式。作为全球人口最多、制造业规模最大的国家，中国是全球最大的新技术应用市场，具有应用场景上的绝对优势。中国要牢牢抓住新一代信息技术革命契机和全球经济数字化转型升级的窗口期，充分利用自身在商业技术应用方面的独特优势，促进人工智能、大数据、区块链等现代信息技术在开放市场领域的应用，培育新的国际市场竞争力，重塑国际产业链价值链，推动对外开放新格局与第四次科技浪潮同频共振发展。

屠新泉 对外经济贸易大学中国WTO研究院
刘 颖 对外经济贸易大学中国WTO研究院

第五章
直面新挑战

环顾国内，中国经济持续复苏、形势向好，但疫情变化和外部环境存在诸多不确定性，如何保持经济运行在合理区间是一大考验。“我们要增强忧患意识，坚定必胜信心，推动经济持续恢复和高质量发展。”

当前中国金融面临的机遇和挑战

2020年11月3日，《中共中央关于制定国民经济和社会发展第十四个五年规划和二〇三五年远景目标的建议》(以下简称《建议》)公布，对金融领域发展做出若干部署，全文共16次提及“金融”。随后中央经济工作会议再次就金融领域做出部署，可见金融业的发展在党和国家经济工作中占有极为重要的位置。

当前我国的金融形势十分复杂。世界正处于百年未有之大变局，国内外经济金融运行环境正在发生深刻变化。一方面，中国金融业自身存在过快膨胀、脱离实体经济的风险，同时房地产、地方政府债务、外部形势等领域的不确定性也为金融业带来隐患；另一方面，中国经济的增长、中国金融系统的规范化和标准化、金融科技的发展和全球化重启的预期等为中国金融的发展提供了难得的机遇。中国金融要突破重重困境，实现高质量发展，依然需要做出更大的努力。

一、中国金融业面临的风险

当前中国金融风险依然处在易发高发期。我国正处于高速增长向高质量增长的转型时期，原有的发展方式、经济结构、增长动力等平衡关系被打破重建，整个国民经济特别是金融与实体经济之间正在建立新的平衡。因此，过去金融领域在高速增长掩盖下的一些体制性、结构性矛盾和问题逐渐暴露，加之百年未有之大变局下外部形势越发复杂，中国金融面临着内部和外部、国内和国际等多重风险。

（一）过快膨胀、脱离实体经济的风险

中国金融业的发展速度长期高于宏观经济增长速度。从金融增加值占GDP的比重看，从2005年的低点4%增长到了2015年的高点8.2%，超过同期英美等发达经济体的占比。从金融业总资产占GDP的比重看，从2004年的2.55倍增长到2019年的3.21倍（其中峰值在2016年的3.85倍）。而在疫情期间，这一情况尤为明显。中国人民银行2020年12月15日公布的数据显示，初步统计，2020年三季度末，我国金融业机构总资产为347.32万亿元，同比增长11.2%。其中，银行业机构总资产为315.18万亿元，同比增长10.5%；证券业机构总资产为9.7万亿元，同比增长23.9%；保险业机构总资产为22.44

万亿元，同比增长12.4%。根据中国2020年101.6万亿元GDP数据和近3.5倍GDP的金融业总资产，可以预计，2021年随着中国经济增长回升，金融业总资产将再次迎来新高。金融业“一骑绝尘”，先于其他产业恢复到疫情前的中高速增长阶段，并非在于金融业取得了较大的技术进步或者对经济增长带来多少贡献，而是在于本轮经济复苏的主要动力仍是房地产投资、基建投资等与金融业联系紧密的领域，同时金融业在享受复苏收益的过程中切走了较大比重的“蛋糕”，而占据实体经济重要位置的制造业投资依然复苏乏力。中央经济工作会议指出，“要依靠创新提升实体经济发展水平，促进制造业高质量发展”。而金融业的过快膨胀会进一步导致金融业与实体经济的脱节，形成金融“内循环”，最终影响中国经济的长期发展。

（二）房地产带来地方财政、金融机构和居民三重金融风险

房地产关联上下游行业、银行等金融机构、土地财政等多个方面，是爆发系统性金融风险的源头之一，也是威胁我国金融安全的最大“灰犀牛”。根据中国社会科学院2020年12月发布的《中国住房发展报告》最新数据，上市房企在资产负债率、总资产周转率、存货周转率等指标仍处于风险较大的区间，流动比率、速动比率和应收账款周转率等指标的恶化趋势

没有得到遏制。并且，近几年我国房企的还债压力长期居高不下，华泰证券统计结果显示，2020—2022年，房地产境内债券到期量分别为4316亿元、6212亿元和3764亿元。2020年下半年开始进入偿债高峰期，连续6个季度到期量超过1200亿元。一方面，在大多数房企借新债还旧债的同时，巨大的偿债和利息支出压力将使得高财务杠杆的房企金融风险激增；另一方面，在“去杠杆”绝对压力下，融资变难叠加偿债高峰到来，将给我国房企资金链带来沉重压力。我国房地产业债务风险，一方面通过银行贷款传导给金融机构，另一方面通过土地财政带来地方政府的财政压力。同时，随着房地产企业融资“三道红线”监管政策落地，房地产企业更加依赖来自购房居民的间接融资。如果房地产企业债务危机不能妥善解决，地方财政、金融机构和居民都将受到严重影响。

（三）地方政府隐性债务风险

地方政府隐性债务问题由来已久，涉及中央地方财权事权关系等深层次问题，不能简单地理解为地方政府基于地方“私利”违法违规。不过无论地方政府是否有无奈之处，目前地方政府隐性债务过高、风险较大已是事实。中央曾经多次就地方政府隐性债务问题采取措施。2017年中央掀起一轮严控隐性债务增量行动，财政部等部委发文禁止地方政府以融资平台、政府投资基金、PPP、政府购买服务等名义变相举债。2018年8月，国务院发文要求地方防范化解隐性债务风险，要求用5到10年来化解存量隐性债务。2020年12月，中央经济工作会议明确指出，“抓实化解地方政府隐性债务风险工作”，将地方政府债务处理工作提高到罕见高度。然而，地方政府隐性债务问题的根源在于地方财政收支不平衡。地方承担着巨大的发展压力，而财政收入难以支持经济社会发展。在高速增长时期，地方政府可以通过土地财政弥补支出。随着城市化增速逐步下降，土地财政收入已有下降趋势，加之疫情期间经济活动放缓，地方税收大幅下滑。同时，地方政府为了防控疫情、稳住地方经济、稳定就业，不得不继续加大财政支出。根据国家金融与发展实验室国家资产负债表研究中心数据，疫情期间地方政府杠杆率由2019年12月的21.5%激增至2020年9月的25.6%。综上可以判断地方政府收支缺口巨大且有扩大趋势，即使地方政府现有债务压力能够稳定甚至缓解，未来依然有巨大的潜在风险。

（四）外部风险

我国金融业主要面临全球经济衰退、逆全球化、全球债务危机和全球冲突危机四大外部风险。2020年，全球经济萎缩4.3%。这是继20世纪30年代大萧条以来，全球面临的最严重的一次经济衰退，并且是首次发达经济体与新兴经济体同时陷入深度危机。IMF同时下调了2021年全球GDP增长预期，预计2021年全球GDP将增长5.2%。这意味着全球经济复苏的道路将比预判中更加困难。

当前，世界正面临逆全球化危机。在2020年6月的《世界经济展望》中，IMF将现在发生的事情称为“大关闭”(Great Shutdown)。一方面，美国作为上一轮全球化的主要推动者根据“美国优先”原则开启了“逆全球化”的阀门；另一方面在疫情发生后，防疫的客观要求和集体行动，将产生关闭各国国境和产业链脱离的结果。在2020年10月的《世界经济展望》中，IMF预期：2020年全球贸易增速为-10%，低于全球经济增速，而且，贸易增速在2021年回升至8%后继续下降，直至跌至经济增速水平以下。全球贸易增速低于全球经济增速，意味着这一轮逆全球化危机目前尚未得到缓解，全球经济仍有萎缩之势。由于全球疫情肆虐导致大多数国家经济出现巨幅下跌，财政面临严重缩水，全球债务高企。2019年上半年，全球债务相对于2010年增长了7.5万亿美元，总额超过250万亿美元。全年全球债务或创下逾255万亿美元的新纪录。全球70亿人口，人均负债3.25万美元。新冠疫情发生后，全球债务高企。如何处理巨额债务，是后疫情时代最重要的任务，由此引发的财政危机甚至经济危机有可能席卷全球。全球经济增速的下降加剧了地区间冲突。2020年，中东、东亚、南亚、欧洲和非洲地区均发生了国际性冲突，尤其是中东地区火药味不断。由于全球经济除中国等少数经济体之外尚未看到好转趋势，生存问题引发的地区冲突仍会持续，带来巨大的投资不确定性。

二、中国金融业的发展机遇

尽管2020年中国金融业面临多方压力，不过危中有机，中国经济率先走出衰退，金融业规范性得到显著加强，降杠杆取得初步成果，金融科技不断发展，金融基础设施逐渐完善，以及疫情期间主要经济体“痛定思痛”，形成未来全球化的“一致性预期”，这为中国金融业的发展提供了历史机遇。

第一，中国经济增长带来的长期红利。2021年中国将实现全球最快的8.2%增速。中国经济稳定增长构成了中国金融业发展的长期基础，特别是在“加快形成以国内大循环为主体、国内国际双循环相互促进的新发展格局”背景下，我国逐渐形成强大的国内市场，金融业通过全面参与国内市场建设获得稳定增长。同时，境外各个国家和地区由于疫情影响会有大量优质资产位于历史低值，这为中国金融业海外并购带来难得的历史机遇。

第二，金融行业规范化和降杠杆取得初步效果。近年来中央多次出台金融行业规范性文件，“十四五”规划《建议》和中央经济工作会议再次重申了金融行业规范性的重要性。可以预见，中国金融业的标准化和规范化将成为今后一段时间金融行业主流趋势，这为中国金融业的长期持续稳定发展提供了制度基础。中国宏观经济杠杆率可以作为例证。根据国家金融与发展实验室国家资产负债表研究中心数据，2018年中国宏观杠杆率出现首次下降，其中非金融企业部门杠杆率在2019年12月降为151.3%，达到2016年以来新低。金融部门资产方和负债方杠杆率自2016年12月以来一直稳定下降。尽管2020年由于疫情影响，我国杠杆率有所反弹，但从疫情前各部门杠杆率趋势来看，我国近些年降杠杆的一系列政策已经取得了初步成果，这些成果要归功于中国政府的不懈努力。

第三，金融科技发展和金融基础设施的完善。中国近年来金融科技取得迅猛发展，金融机构数字化转型步伐加大，国有金融机构和民营互联网龙头公司均以极大的资本投入金融基础设施建设，中国的移动支付普及率和规模位居全球首位，已实现基本金融服务城乡全覆盖。蓬勃发展的金融科技和近乎全国一体化的金融基础设施（特别是移动端金融基础设施）极大地降低了中国金融发展的边际成本。在近乎“零边际成本”的帮助下，中国金融业每一项创新都能以极快的速度和极小的代价普及到全国各个角落。只要解决制度和风险两道难题，相信中国金融业的科技创新将成为支撑金融业持续发展的不竭动力。

第四，各主要经济体的全球化“一致性预期”。经历过“去全球化”阵痛之后，包括美国在内的全球主要经济体均产生了继续推动全球化发展的声音并付诸行动。RECP（区域全面经济伙伴关系）的签署就是力证。随着拜登当选美国新一任总统，美国也表现出继续推动全球化，维护全球贸易体系的愿望。随着全球化“一致性预期”的形成，我国金融业将享受更加广阔的全球市场。特别是在“国际国内双循环”的大背景下，中国金融业积累的海量资本，将借力“一带一路”建设、RECP协定、中欧经济合作、中美经贸关系好转等一系列有利因素流向全球各个地区，成为中国经济发展的外部引擎。

三、关于中国金融业发展的建议

当前正值“百年未有之大变局”，2020年更是形势极为复杂的一年，危与机犬牙交错，中国金融业长期持续健康发展，还需做出诸多努力。中国金融如能练好“内功”，可以借助中国经济的“东风”在后疫情时代抓住难得的发展机遇。

第一，完善制度环境，全面深化金融改革。“改革永远在路上”。中国金融需要建设规范、透明、开放、有活力、有韧性的资本市场，完善资本市场基础性制度，把好市场入口和市场出口两道关，加强对交易的全程监管。利率和汇率是金融的核心，因此必须继续加快推进利率市场化改革，健全反映市场供求关系的国债收益率曲线，完善人民币汇率市场化形成机制，为市场在资源配置中发挥决定性作用创造条件。

第二，拥抱实体经济，夯实金融发展经济基础。中国经济高质量发展是金融发展的经济基础。金融业要回归本源，围绕建设现代化经济的产业体系、市场体系、区域发展体系、绿色发展体系等提供精准金融服务，构建风险投资、银行信贷、债券市场、股票市场等全方位、多层次金融支持服务体系，扶持小微企业发展，支持实体经济转型升级，通过支持实体经济发展夯实自身发展的经济基础，避免陷入金融“自循环”。

第三，鼓励数字化转型，继续发展金融科技。未来金融业一定是融合了金融、科技、信息的复合型行业。区块链、人工智能、安全技术、互联技术、大数据和云计算等数字科技的发展为金融创新提供了技术支撑。金融通过数字化转型可以更精准地衡量信用风险、了解行业数据、满足金融需求、降低交易成本，提供更加便捷有效的金融服务，甚至开辟前所未有的金融新业态。为此，要大力发展金融科技，引导金融科技高效赋能，推动中国金融不断发展。

刘　伟　国家金融与发展实验室特殊资产研究中心副主任、研究员

宽幅震荡新常态：人民币汇率走势回顾与展望

编者按：

不同于“十三五”规划强调的“推进汇率和利率市场化”，“十四五”规划指出“健全市场化利率形成和传导机制”，并未提到汇率。

对此，中银证券全球首席经济学家管涛表示，2015年“8·11汇改”后，人民币从单边下跌走向了双向波动，特别是2018年人民币汇率止跌回升以后，汇率市场化的程度进一步提高，央行已经基本退出了常态化干预。这样的情况下，增加汇率弹性、让汇率更好地发挥对国际收支和宏观经济的自动稳定器作用，已经成为基本共识和日常操作，故“十四五”规划里没有继续提及。

回顾2020年，疫情给全球经济造成了严重冲击，人民币兑美元双边汇率震荡中呈现先贬值后升值的趋势。哪些因素影响了2020年人民币汇率走势？展望2021年，人民币汇率将面临哪些不确定性？管涛的这篇文章将对此展开分析。

过去一年人民币双边和多边汇率走势先抑后扬

2020年新年伊始，中国遭遇了新冠肺炎疫情集中暴发。在疫情大流行、经济大封锁、金融大动荡、地缘大博弈等轮番冲击下，前5个月，人民币兑美元汇率（以下如非特指，人民币汇率均指人民币兑美元双边汇率）震荡走低，到5月底还创下2008年2月底以来的新低（见图1）。

图1：美元指数与人民币汇率走势（单位：元人民币/美元）

资料来源：中国外汇交易中心；WIND；中银证券

进入6月份后，在疫情防控得力、经济率先复苏、出口表现靓丽、对外开放提速、美元指数走弱、中美利差走阔等因素支持下，消息面利空的市场影响钝化，境内人民币汇率震荡走高。到11月底，中间价和下午四点半收盘价（下同）分别为6.5782和6.5827比1，较5月底分别累计升值8.4%和8.5%，较2019年底累计升值6.0%和5.8%。

2020年前11个月，影响出口竞争力的人民币多边汇率呈现先涨后跌再涨的N型走势。3月份美股十天四次熔断，全球金融恐慌、美元指数飙升期间，境内人民币汇率中间价和收盘价均再度跌破7。到3月23日（3月24日美股止跌反弹前夕），万得人民币汇率预估指数为95.46，较上月底上涨2.7%，较2019年底上涨4.5%。也就是说，在非美货币兑美元溃败之际，人民币汇率虽然走弱，但跌幅小于其他非美货币。人民币在主要货币中依然较为坚挺，显示有管理的浮动汇率制度经受住了极端市场环境的考验。

2020年3月底起，美股大幅反弹、市场恐慌消退，美元指数回调，大部分非美货币兑美元升值。但4、5月份，受消息面利空影响，人民币汇率却在低位徘徊，到5月底，万得人民币汇率预估指数较3月23日回落3.5%。6、7月份，美元指数进一步走弱，人民币汇率有所反弹。到7月底，人民币汇率重新升破7，但涨幅不及其他非美货币，万得人民币汇率预估指数跌幅进一步扩大到4.4%。8月份以来，人民币汇率升值加速，到11月份，中间价和收盘价分别累计上涨6.2%和6.0%。同期，万得人民币汇率预估指数上涨4.3%，显示此前四个月人民币汇率涨幅总体快于其他非美货币（见图2）。

图2：境内人民币汇率收盘价与万得人民币汇率预估指数

（单位：元人民币/美元）

资料来源：中国外汇交易中心；美联储；WIND；中银证券

需指出的是，尽管自2020年5月底以来人民币汇率升值约9%，但万得人民币汇率预估指数仅升值3.3%，显示本轮人民币升值对我国出口企业的财务影响大于竞争力冲击。国际清算银行的统计显示，2020年前10个月，人民币实际有效汇率指数仅升值2.8%，也印证了前述判断。

四维度反映境内外汇市场对汇率波动的适应性增强

外汇供求保持基本平衡。2020年前10个月，反映境内主要外汇供求关系的银行即远期（含期权）结售汇顺差合计969亿美元，但月均不到100亿美元，远比不上2015和2016年月度逆差动辄成百上千亿美元的规模。其中，自2020年6月份人民币汇率持续走强以来，境内外汇逐渐由供不应求转为供大于求，但6至9月份各月顺、逆差规模均不过百亿。10月份，顺差167亿美元，在2020年全年也仅排在第四位，低于3月份全球金融恐慌时的217亿美元，5月份人民币汇率创12年新低时的208亿美元，以及2月份境内疫情肆虐时的197亿美元（见图3）。这前三大顺差均出现在人民币汇率承压之时，表明汇率由市场决定并不必然由供求关系所决定，人民币汇率已越来越具有成熟货币的特征。

图3：境内外汇供求状况（单位：亿美元）

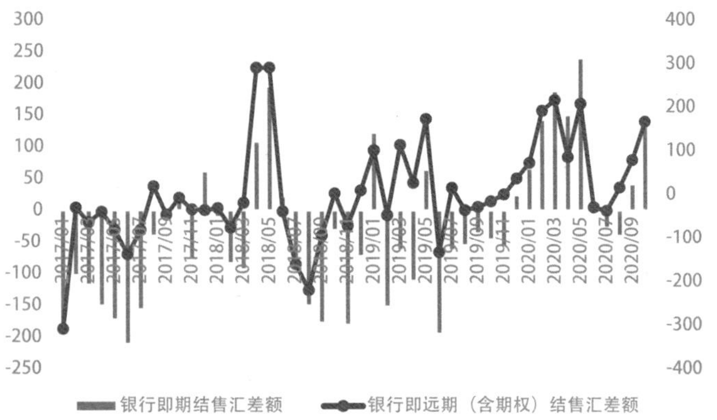

资料来源：国家外汇管理局；WIND；中银证券

注：银行即远期（含期权）结售汇差额=银行即期结售汇差额+银行代客远期净结汇累计未到期变动额+银行代客未到期期权Delta净敞口变动额。

汇率杠杆作用正常发挥。在汇率市场化情况下，应该是人民币升值时，买外汇的多、卖外汇的少；贬值时，卖外汇的多、买外汇的少。否则，就是外汇市场失灵。2020年，尽管人民币汇率波动较大，但“低（升值）买高（贬值）卖”的汇率“稳定器”作用基本发挥正常。2020年前5个月人民币汇率总体承压。到5月份，人民币汇率中间价平均值较1月份下跌2.6%。当月，3个月移动平均的银行代客收汇结汇率较1

月份上升6.7个百分点，付汇购汇率回落2.4个百分点。后6个月人民币汇率转为震荡升值。到10月份，人民币汇率中间价平均值较5月份上涨5.8%。当月，3个月移动平均的银行代客收汇结汇率较5月份回落7.0个百分点，付汇购汇率上升4.3个百分点（见图4），显示有购汇需求者借人民币持续升值“落袋为安”。

图4：境内外汇市场结售汇意愿变化（单位：%）

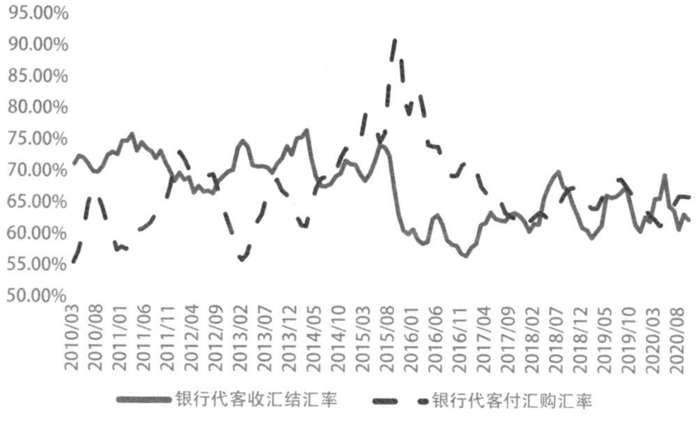

资料来源：国家外汇管理局；WIND；中银证券

注：（1）收汇结汇率=银行代客结汇/银行代客涉外外汇收入；（2）付汇购汇率=银行代客售汇/银行代客涉外外汇支出；（3）以上数据均做了3个月移动平均处理。

汇率预期保持基本稳定。2020年前9个月，外汇市场总体偏贬值预期，1年期无本金交割远期交易（NDF）隐含的人民币汇率贬值预期日均为0.36%。10月份以后转为总体偏升值预期，但10至11月份升值预期日均仅为0.27%。前11个月，贬值预期超过1%的有13个交易日，升值预期超过1%的有6个交易日，二者合计仅占到总交易日的8.1%（见图5）。与2015和2016年贬值预期较大时，动辄百分之四、五的水平相比，当前市场无论升值还是贬值预期都不太强烈。这主要是因为“破7”之后，人民币汇率打开了可上可下的双向浮动区间，有助于及时释放升贬值压力，避免预期的积累。

图5：1年期NDF隐含的人民币汇率预期（单位：元人民币/美元；%）

数据来源：中国外汇交易中心；WIND；中银证券

注：（1）隐含的人民币汇率预期=人民币汇率中间价/(1年期NDF远期汇率-（1年期掉期价格/10000））-1；（2）如果内地和香港只有一个市场开市，即沿用闭市市场的上一个交易日的价格。

三价合一趋势逐步显现。2020年前11个月，境内收盘价相对于当日中间价为日均正偏离15个基点；离岸汇率相对于当日在岸汇率为日均正偏离17个基点。这三种汇率的偏离程度远低于日均正偏离分别为119和47个基点的2019年，为2015年“8.11”汇改以来最低（见图6）。“三价合一”反映“破7”之后，人民币汇率市场化程度提高，中间价基准地位和汇率政策公信力明显增强。

图6：年境内外汇率的日均偏离度（单位：个基点）

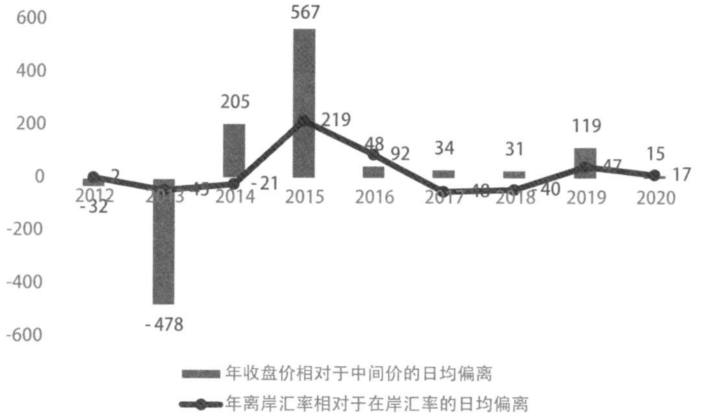

数据来源：中国人民银行；WIND；中银证券

注：（1）年收盘价相对于中间价的日均偏离=100×（当年日均境内下午四点半收盘价-当年日均当日中间价）；（2）年离岸汇率相对于在岸汇率的日均偏离=100×（当年日均离岸汇率收盘价-当年日均当日境内下午四点半收盘价）；（3）2020年为前11个月数据；（4）负值为偏升值方向，正值为偏贬值方向。

2021年人民币汇率面临的七个不确定性

疫情控制。一种情景是在疫苗上市并普遍接种之前会不会有黑天鹅事件发生。早在2020年末，日本软银孙正义就提前说过要为最坏的情形做好准备。据说他卖掉了几百亿资产准备抄底。还有一种情景是，疫苗上市之后会不会有效果。初期疫苗供应不足本身会限制接种面，后期群众是不是愿意接种、现在到全民普遍接种需要多少时间，这些对经济社会活动的正常化都会带来影响。如果疫苗的研发、上市、接种低于预期的话，对于市场情绪、跨境资本流动乃至人民币汇率走势都会造成冲击。

经济复苏。据国际货币基金组织预测，2021年全球经济预料增长5.2%。在这种基准情形下，中国经济复苏的领先优势将会有所收敛。鉴于此次疫情暴发之前，中国经济已经面临下行压力，市场的关注点可能转向后半期中国经济增速的回落；是“走出了下行通道”还是“重回下行通道”，这对人民币汇率走势会造成影响。还有一种情况，如果疫情影响持续恶化，那么就看中国能否独善其身。如果能，则会支撑人民币汇率继续走强；如果不能，人民币汇率就会受到拖累。

出口前景。出口超预期表现被市场认为是2020年人民币汇率升值的重要影响因素。当然，我不认为中国出口的全球市场份额上升，对于人民币汇率走势有很好的解释力或者预测性，如2015年中国出口份额为历史最高，当年却正是本轮贬值的起始之年。但市场有这样的认知，我们权且这样认为。2021年世界贸易止跌反弹，中国出口有望正增长，但中国的出口份额能否保持仍不确定。一种情形是境外经济重启，抗疫物资出口回落，订单转移效应消退，我们出口份额的上升是阶段性的。另一种可能是海外疫情继续蔓延，境外经济重启受阻，外需疲软会抑制我们的出口扩张，还有海外企业从流动性风险变成偿付性风险，出口企业收款风险上升。同时，疫情防控使得全球物流成本上升，特别是中国一些关键零部件和原材料断供，都会影响国内产业链供应的正常运转。此外，比较确定的是，如果疫情得到控制，全球恢复跨境人员往来，中国国际旅游支出有可能止跌回升，服务贸易逆差重新扩大，可能会改变过去两年经常项目顺差持续扩大的趋势。

中美利差。一种情形是，如果美国经济如期复苏，即便美联储维持低利率不加息，如果美联储扩表带来的宽松边际上减弱，叠加通胀预期抬头，美债收益率仍有可能走高，会导致中美利差收敛。另一种情形是，如果美国经济重启受阻，美联储可能考虑进一步量宽甚至负利率。那么，对中国来说也是两种可能性：一种是，货币政策不变，中美利差扩大；另一种是，中国受到世界经济复苏延迟影响，货币政策进一步宽松，中美利差保持或趋于收敛。

美元指数。美元指数对人民币汇率有显性的影响，但美元走势在2021年也有不确定性。即便在基准情况下，世界经济重启，美元指数回落，但在后疫情时代，美元回落持续的时间和调整的幅度取决于主要经济体经济修复的速度。无疑，疫情暴发之前，美国的经济基本面好于欧洲、日本。由此，我们很难说疫情之后美元汇率会持续大幅贬值。尤其是拜登执政后，美国有望重回多边机制、全球主义，这对美元将形成中长期利好。还有一种情况，就是如果疫情控制和经济复苏不及预期的话，世界会重回经济金融动荡。在避险情绪驱动下，美元指数有可能反弹。

金融风险。一部分是来自于国内。如果经济继续下行，高杠杆难以维系，国内金融风险可能会逐步暴露。最近国内信用债市场违约事件，除了恶意逃废债外，很可能是资金链也出了问题，境内违约已对境外中资美元债产生负面冲击。同时，疫情对银行经营带来了财务上的影响，未来不良资产将会陆续暴露，有可能造成市场信心扰动。另一部分来自于外部。在全球低利率宽流动性的情况下，资产价格和实体经济的严重背离可能加剧金融市场动荡。这有可能加剧我国跨境资本大进大出、资产价格（包括汇率）大起大落的风险。这应该是“十四五”规划中对人民币国际化强调要“稳慎推进”的主要考虑，就是在扩大开放过程中要统筹发展和安全的关系，防止系统性风险爆发阻碍我国现代化进程。其中一个风险就是境外输入的风险。当前人民币汇率走强，一定程度与全球风险资产价格反弹、市场风险偏好提升有关。一旦全球金融动荡、市场风险偏好下降，人民币资产是风险资产还是安全资产将会再度面临考验。

中美关系。这个问题前些年令人民币汇率屡屡承压。下一步，中美关系可能有些新的变化，如从贸易平衡问题转向结构问题，从关税冲突转向规则之争，从双边冲突转向多边框架，以及从经贸领域转向其他领域。这些对人民币汇率的影响也存在不确定性。现在人民币走强的原因也部分源于市场认为美国政府换届有可能改善对华政策。但是未来有可能出现中美关系改善，也不排除可能出现超市场预期的新冲突。还有一个值得注意的问题是，美国商务部提出了人民币汇率低估的指控，美国财政部2020年11月份的最新报告附和了这一指控。不排除在美国新政府时期，人民币汇率重新成为中美经贸磋商的焦点，这对人民币汇率走势会产生何种影响，值得关注。

总之，疫情演变和经济复苏不如预期，可能是对本轮人民币汇率升值最大的威胁。至于其他因素，对人民币汇率既有升值也有贬值的影响，方向不确定也不稳定。在市场化背景下，影响汇率升贬值的因素同时存在且此消彼长，必然是跌多了会涨、涨多了会跌。在有管理浮动框架下，人民币市场汇率走势更多遵循适应性预期，容易出现顺周期的羊群效应，因此，预测人民币汇率的具体水平是一项艰巨的任务且实际意义有限。在低利率宽流动性的国际背景下，受多空交织因素的影响，处于均衡合理水平的人民币汇率很可能出现大开大合的宽幅震荡走势。大家要系好“安全带”，控制好汇率波动的风险。

管　涛　中银证券全球首席经济学家

第六章
谋求新福祉

经济发展取得新成效、改革开放迈出新步伐、社会文明程度得到新提高、生态文明建设实现新进步、民生福祉达到新水平、国家治理效能得到新提升——“十四五”规划纲要明确提出这一时期经济社会发展的主要目标，这六个“新”为当前做好各项工作指明了方向。

努力实现“十四五”时期缩小城乡差距的关键任务

《中共中央关于制定国民经济和社会发展第十四个五年规划和二〇三五年远景目标的建议》强调，我国发展不平衡不充分问题仍然突出，城乡区域发展和收入分配差距较大。随着我国全面建成小康社会、开启全面建设社会主义现代化国家新征程，必须把促进全体人民共同富裕摆在更加重要的位置。在2020年底消除现行标准的农村绝对贫困，完成农村中的脱贫攻坚任务后，我国社会即从整体小康水平过渡到全面小康阶段，进入推动全体人民共同富裕的新时代。诚然，共同富裕并不是同步富裕和同等富裕。我国今后阶段仍然存在相对贫困，即存在相对低收入人群。本文研究认为，我国当前及今后相当长时期还有较大比重的低收入群体，即相对贫困率还较高。更重要的是这些低收入群体主要集中在农村，即农村居民几乎都是低收入人群。这就说明中国今后存在的相对贫困现象，主要表现为农村居民贫困，即表现为较大的城乡差距：农村居民收入水平严重低于城镇居民。因此，在前期消除农村绝对贫困后的新阶段里，我国的重要任务将是消除农村相对贫困；换言之，在持续推进经济发展中应将消除城乡差距作为新时代社会发展的关键任务，否则中国相对落后的农村居民收入可能成为新时期国内外循环畅通的障碍点，全体人民共同富裕也不可能顺利实现。

一、逐步扩大中等收入群体

相对平衡的城乡协调发展、相对均等的城乡收入分配格局是加快构建以国内大循环为主体、国内国际双循环相互促进的新发展格局的关键，也是促进全体人民共同富裕的重要支撑。改革开放以来我国经济持续高速增长，GDP总量位于全球第二，对全球经济增长的贡献率达30%以上；人民生活水平大幅度提高，全国居民人均可支配收入从1978年的171元增长到2019年的30733元；持续推进的精准扶贫和脱贫攻坚取得了历史性成就，低收入群体的收入水平也有了实质性提高，农村居民绝对贫困基本消除。这是中国改革发展中创造的“扶贫奇迹”。然而从整体来看，虽然在全面改革开放和经济增长的带动下，已经形成超过几亿人口的中等收入群体，也有小一部分群体进入了高收入阶层，但是仍有相当大比重的人口还处于低收入阶层。中国居民的收入分配格局，整个看来仍呈典型的中低收入者占主体的发展中经济特征。

2020年5月28日，中国国务院领导在回答中外记者提问时讲到，“中国是一个人口众多的发展中国家，我们人均年收入是3万元人民币，但是有6亿人每个月的收入也就1000元。”这也就是说，人均年收入12000元左右的中国居民占比约为43%。这一判断与不少人“我国综合国力持续上升、人民生活水平不断提高”的直觉相左，引发了巨大的社会议论。然而，数据是客观的。本文认为，中国当前不仅仍有大约“6亿人月收入1000元”，而且需要进一步指出的是，这6亿人绝大多数都是农村居民。换言之，占近一半人口的广大农村居民的大多数“月收入1000元”，这正是中国现阶段最大的国情。这也让人们清醒地看到问题的实质：一是中国社会的城乡差距是巨大的，而“平均数”则掩盖了广大农村居民与城镇居民的收入都在逐步提高，但农村居民收入提高幅度相对缓慢，当下仍然处于“月收入1000元”的事实；二是高于“平均数”的城市居民，特别是其中有重大发声权的媒体舆论界，严重忽视了中国社会城乡不均衡的客观现象，所以才对国务院领导的判断产生质疑甚至误解。然而事实胜于雄辩，而依据事实所确定的中国新时代的社会主要矛盾是准确的，即“人民日益增长的美好生活需要”与“不平衡不充分”的经济社会发展之间的矛盾，其中重要的是二元经济社会制度导致的城乡发展不平衡和收入分配不均等。这清楚地说明在我国社会发展与分配中存在问题的严重程度和深度，从而也表明了今后畅通国内国际双循环的主要障碍所在。城乡一体化发展任重道远。

二、逐步减少低收入群体

社会上对“6亿人月收入1000元”这一数据的确切性看法不一，这也是前期人们关注的焦点。大体总结一下，有些研究支持这一估计，但也有人得出不同结论。首先是有来自国家统计局有关人员根据2019年相关数据给出的判断，即在五等分组（20%）的前提下，我国全体居民中低收入组和中间偏下收入组共40%家户对应的人口为6.1亿人，年人均收入为11485元，折合月收入人均近1000元。其中，低收入组户月人均收入低于1000元，中间偏下收入组户月人均收入高于1000元。这种说法是有权威性的，但仍显过于笼统，没有说明6亿人口如何与40%家户对应，也没有公布中下组人均月收入高于1000元多少，因为若是高于1100元或更高，即不属于1000元的范围。有学者使用分层线性随机抽取的7万个样本进行统计，认为中国有39.1%的人口月收入低于1000元，同时月收入在1000—1090元的有3.7%，因此月收入1090元以下即1000元左右者占总人口的42.85%，数量约为6亿。但其数据年份和估算方法不详，按其给出的家庭人均月收入分布与人口数表计算，全国居民月人均可支配收入中位数不足1500元，而国家统计局公布的年均中位数为26253元，折合人均月收入2188元，两者的过大差距不能支持上述6亿人口的估计。于是，还有学者指出上述估计过高，并利用2018年的调查数据推算认为，当下中国居民家庭人均月收入在1000元以下者约为3.1亿人。这一估计所用资料翔实，思路明确，但如果与前一研究相比，可能3.1亿的结论存在明显的低估。即以2019年数据为例，农村居民人均可支配收入16021元，月平均1335元，而资料表明农村大多数居民收入都处在平均线以下，因此月收入1000元左右的农村居民应该占农村常住人口的大多数，大约有4亿，如果再加上城市低收入人口，则其估值明显偏低。这里有一个有趣的现象是，这两种差别如此悬殊的研究结论，却是出自同一研究团队的不同学者的专业测算结果。由此便不难想象，广大非专业社会人士对此会有多么不一样的议论和说法。

本文研究发现，上述一些估计值之所以存在较大不一致，从方法上看根源在于没有正确使用收入分组的人口数据。按国家统计局公布的统计口径，不论是全国还是城镇、农村居民的人均可支配收入都是按户分组调查计算的，这是计算人均收入水平所必需的步骤。如果要根据收入水平折算人口规模时，则必须考虑不同收入分组的家庭规模即平均常住人口数的差异。通常规律是，收入水平越低则家户规模越大些，低收入家庭的人口规模大于高收入户，人口规模是影响家户收入水平的因素之一，特别在农村中更加显著。例如数据表明，近年来农村低收入家庭平均常住人口为4.5—4.6人，而高收入家庭则为3.2—3.4人；城镇家户情况略有差异，城镇低收入家庭平均常住人口数与农村高收入户相当，平均约为3.2—3.3人，而城镇高收入家庭则平均不足3人，低至2.6—2.7人。因此，如果不考虑不同收入分组对应的家庭人口规模差异，直接简单把家户收入分组比重等同于人口比重，则测算结果一定存在误差，误判也就在所难免。

据上述分析逻辑，本文利用国家统计局最新公布的2019年全国居民收入分组数据，测算结果证明关于“6亿人月收入1000元左右”的估计是准确的。数据表明，中国当前全体居民中的低收入户和中等偏下收入户，2019年人均可支配收入分别为7380元、15777元，折合月人均收入分别为615元和1315元。结合住户调查统计，低收入户和中间偏下收入户这两个收入群体共40%家庭，对应的人口比重约为43.5%，总数约6.1亿人，其月均收入1000元左右。这与国家统计局的说法也是一致的。另外，考虑到如果使用2018年及以前的数据，则以上估计人口数会更多些，因为近一两年全国居民包括低收入群体的收入水平都有提高，这必然使按固定不变1000元标准衡量时，部分原低于1000元的人群转入到高于1000元的收入阶层。由此可见，中国近些年“月收入1000元人口约6亿人左右”的估计基本准确可行。

上述实际现象，正是现阶段我国人民日益增长的美好社会生活需要和不平衡不充分发展之间的矛盾在收入分配领域的一个表现，反映了我国依然是世界上最大的发展中国家的基本国情。

三、逐步解决城乡发展不平衡

其实从另一方面看，对“人均月收入1000元人口有6亿”论题的讨论实质，不在于这一估算的精确与否及数字高低。这一讨论更大的积极意义可能在于，虽然作为“平均数”的人均可支配收入近些年来一直在增长，目前已经达到全国居民年平均30000多元，折合月均收入为2500多元，从而意味着整体居民生活水平的提高；然而需要深究的是，全国居民人人都达到这样水平吗？如果不是，则事实上有多少人达到这样的水平，有多少人又低于这一平均数值？而“人均月收入1000元人口究竟有多少”论题的讨论，既有助于回答这些问题，又有助于向普通公众说明中国居民收入分配差距的事实真相。换言之，我们应当既看到中国改革开放后取得的经济发展奇迹，又要清醒地看到仍然存在的问题。对上述问题的深究及对相关各种问题的回答清楚地告诉我们，中国从一个落后的经济体起步，在40多年的时间里即提升为全面小康国家，这一成就的确令人瞩目。然而，中国仍然是一个发展中大国，中国经济的发展在全范围的各个部分中、在全社会的各个阶层中，并非划一、同一、平均和均衡，其中最重要的特征就是城乡之间的发展不平衡和收入差距较大，还有大范围的农村地区和大规模的农村居民处于低收入状态，即相对贫困状态。

从上述估计值中稍加分析便可发现，6亿多低收入和中间偏下收入的人群，大部分是从事农业生产的农民即农村居民，主要集中居住在农村地区，而不是居住在大小城镇里面的城镇居民。因此，上述判断议题实际上应当具化为“约6亿农民月收入1000元”。以最新的2019年农村居民五等分收入分组数据显示，农村居民低收入组、中间偏下收入组、中间收入组的人均可支配收入分别为4262元、9754元和13984元，折合成月均可支配收入分别为355元、812元和1165元。按此则月收入1000元人群共占60%的家庭，人口比重大约65%，数量约有近4亿。也就是说，在全国“月收入1000元”的约6亿人口中，大部分都是居住并生活在农村的居民，即农民。于是，我们看到了中国城镇与乡村之间收入差距大的实质。

进一步，我们从整个农村居民的收入水平的绝对值与全国平均收入水平的比较来考察一下，由此可进一步明了全国统一的平均收入数据，可能在多大程度上混淆了农村居民的普遍低收入，从而掩盖了中国城乡间一般人可能忽略的巨大差距。比如，2019年全国居民人均可支配收入为30733元，而同年农村中只有20%高收入阶层的收入略高于全国平均水平，以下的各个阶层都不同程度地低于全国平均，即便是所谓中间偏上的农村家庭的人均可支配收入也只有19732元，仅为全国总体人均水平的64.2%。这就是说，占农村居民80%多的中上收入以下的家庭人口，其人均可支配收入均低于同期全国平均水平。可见，中国广大农村居民的收入水平不仅相对和绝对都较低，而且低收入群体规模实际上非常庞大。这进一步显现并证明了中国城镇与乡村居民间的巨大收入差距。

如果从过去近十年农村居民各阶层收入水平与全国平均水平对比的动态过程考察，则可更清楚地看到全国人均可支配收入平均数的增长，是如何掩盖了中国城乡间巨大收入差距的变化。以 2013 年到 2019年的对比数据为例，考察农村各收入分组人均可支配收入与同期全国人均可支配收入的比值的变化趋势，则上述结论更加清晰明确。2013—2019

年，农村居民低收入户人均可支配收入与同期全国人均可支配收入的比值从15.72% 下降到 13.87%，中间偏下户从32.58% 下降到31.74%，中等收入户从46.08% 下降到45.50%，中间偏上户从 64.53% 下降到64.21%，占农户80% 的四个收入组分别下降了 11.75%、2.58%、1.26% 和 0.5%，且收入水平越低的家户下降幅度越大，仅高收入户的平均收入高于全国平均水平，其比值大于1并且多数年份有所上升。可见，广大农村居民在全国比较中都属于低收入群体，农村内部差距及城乡间差距均在动态比较中显现得更加具体和清楚。

四、缩小城乡差距关键在提高农村居民低收入水平

本文以简单的比较法通俗地说明，中国当下“月收入1000元”的群体的确有约6亿人，但是本文进一步指出这6亿人中大部分是农村居民，即农村居民在消除绝对贫困后还处于相对贫困状态，低收入群体仍然规模庞大，从而显示出中国现阶段城乡差距依然严重。而城乡发展不平衡，城乡差距较大，一定是新时期构建新的国内国际循环畅通的发展格局的主要障碍。因此，中共中央在关于“十四五”的规划建议中明确提出，“十四五”期间要着力提高低收入群体收入，扩

大中等收入群体。为此，必须通过持续推进经济稳定发展，全面推动乡村振兴，加速新型城镇化进程，促进城乡融合发展，以更大幅度切实提高全体农村居民的平均收入水平，从而才能缩小城乡差距，促进新时代经济社会和谐，确保实质性推动全体人民向共同富裕取得更为明显的进展。这主要涉及两个大方面：

一方面，“十四五”期间要切实加快推进新型城镇化。加快城镇化是降低农村低收入居民人口比重，扩大中等收入阶层的最有效途径。过去三十年里我国平均每年有1%的农村人口转入城镇非农业就业，从而摆脱了低收入状态，但是近些年城镇化的速度因各种原因似有下降，所以农村低收入人群下降的速度也降低了。然而从趋势上看城镇化是经济社会发展的规律。今后在“十四五”时期，还是要想方设法加快农村低收入人群为主体的新型城镇化进程。这包括三个方向：

一是改革现行户口制度，建立健全促进城乡要素自由流动、平等交换和公共资源合理配置的政策体系，推动部分现行农村户口低收入人群向现有大中小城市里面转移，使其提升成为城镇中等收入阶层人口。

二是将最近几年里已经在城镇就业但没有取得城镇户口的常住人口，加快转变为城镇户口，通过积分制度的调整改革等等办法，使其加快转变成为真正城镇居民或市民，从而有资格和条件享受与城镇市民一样的中等收入阶层的福利待遇等等，切实提高收入水平。

三是更大力度推动农村自身的城镇化，在条件成熟各方协商一致并自觉自愿的前提下积极稳妥推进农村中合村并居，从而创造条件大力发展服务业、加工业等其他非农产业，推进小城镇产、城、人融合发展，提高农村人口的收入水平。

另一方面，“十四五”期间要全面加快实施乡村振兴战略，切实提高农村居民收入水平。这可能涉及农村农业的方方面面：

一是加快农业合作化、现代化、规模化，提高农民农业收入。通过三权分置等改革措施的逐步落实，使农村居民通过土地股份化将自身权益与农业生产率提高的要求结合起来，实现育种、耕种、灌溉、机械、农药、收割、加工等等全面现代化专业化，从而逐步把现在的农民改造成为真正的农民工，即农业工人，提高农村农业工人的收入水平。

二是提高农村居民经营性收入。积极推进农业供给侧结构性改革，全面落实支农惠农政策措施，加快农业产业结构调整，培育具有竞争力的现代农业经济作物产业体系，培育具有市场竞争优势的名优产品和特色产业，提高农产品品质，推动现代农业高质量发展。

三是结合农村就地小城镇化，加大乡镇中小加工企业的扶持力度，以市场需求为导向，引导农民因地制宜调整产业结构，加快农村与农产品相关联的二三产融合发展，加强农村劳动力教育培训，提高农村劳动力就业技能，吸纳农村富余劳动力就业，增加农村就业岗位，提高农村居民工资性收入。

四是提高农村居民财产性收入。深化农村体制综合改革，稳妥推进盘活闲置宅基地和废弃公益性建设用地进入市场，与城镇的技术和资金相结合，盘活村集体闲置或低效使用的集体资产，探索增加农村居民财产性收入渠道。

五是大幅提高农村居民转移性收入。国家要真正发挥国有经济的全民所有制性质搞好再分配的调节作用，加大转移支付调节力度和精准性，让广大农民通过生产生活的公共财力提高，通过更加完善更高水平的农村医疗、养老、失业保障等真正分享到全民所有制的好处。

总之，“十四五”时期在我国开始向共同富裕道路迈进的过程中，必然要求大幅度提高社会中仍然存在的低收入阶层的收入水平，降低相对贫困程度。这在中国当前社会中，即是要从各个方面，想方设法以更大幅度提高广大农村居民的收入水平，由此才能切实使长期低速发展的农民收入更快地跟上来，与处于中等收入阶层的城镇居民合并一起，并肩提高并扩大中等收入者比重，唯此才能切实缩小城镇与乡村间的收入差距，使全体人民迈向共同富裕之路。

陈宗胜 南开大学经济学院教授、中国财富经济研究院院长
杨希雷 南开大学经济学院博士研究生

抓住人口老龄化国家战略下的关键窗口期

《中共中央关于制定国民经济和社会发展第十四个五年规划和二〇三五年远景目标的建议》（以下简称《建议》）指出，我国要“实施积极应对人口老龄化国家战略”。党中央首次将应对人口老龄化提升为国家战略，是贯彻以人民为中心发展思想的内在要求，实现经济高质量发展的必要保障，维护国家安全和社会和谐稳定的重要举措。

一、我国快速进入老龄化社会

随着经济社会发展、出生率降低、人口预期寿命延长，我国老龄化的程度不断加深、速度不断加快、特点愈发鲜明。

一是我国即将迈入中度老龄化社会。2019年底，我国60岁以上的老年人口规模为2.54亿人，占总人口的18.1%；65岁以上老年人口规模为1.76亿人，占比为12.6%，这相当于经济合作组织（OECD）国家1999年的水平。据《中国发展报告2020》预测，到2022年左右，我国65岁以上人口将占到总人口的14%，实现向中度老龄化社会的转变；2050年我国老龄化将达到峰值，65岁以上人口占比将达27.9%。与此同时，劳动力整体年龄在增大。1985—2018年间，我国劳动力人口的平均年龄从32.2岁上升到38.4岁。二是我国人口老龄化速度不断加快。我国人口老龄化率增速从2009年的1.4%提高到2019年的5.0%，65岁以上老年人口年增量则从351万增加到945万人。三是我国在进入老龄社会的同时，还经历着城乡倒置、少子化、独居化等新社会现象。2019年我国城镇人口老龄化率为10.5%，农村人口老龄化水平则较之高出5.3个百分点。2016年，我国60岁以上人口规模首次超过0—14岁人口规模，2018年更是较之高出1896万人，已经进入"老龄少子化"时代。

二、老龄社会面临的挑战和机遇

一是老龄化社会对2035年经济增长目标的实现形成挑战。《建议》提出了在2035年实现人均国内生产总值达到中等发达国家水平的目标，这就要求我国经济在老龄化不断加深的背景下仍要保持一定的增速。但人口老龄化孕育着不利于经济增长的因素：一方面，人口老龄化扭转了全社会劳动参与率的攀升态势，我国劳动参与率已经从2010年高峰的73.3%下降到2019年的70.7%；另一方面，人口老龄化下储蓄率可能出现下降，进而对全要素生产率产生负面影响。日本经济从繁荣走向衰退正好发生在从轻度老龄化社会向中度老龄化社会过渡的20世纪90年代，当65岁以上人口比重从1990年的11.9%快速上升到2000年的17.0%，日本GDP增速则从7.7%快速下降到1.4%。这值得我国警惕。

二是老龄化社会对老年人的养老保障体系提出挑战。较高老龄化率、高龄老龄化、二元结构和社会变迁均对未来的养老保障体系提出了新的更高的要求。较高以及快速的老龄化使社会氛围、相关资源等均难以及时成功转变。高龄老龄化则对养老服务提出了更个性化的要求。农村老龄化程度高于城镇，而农村居民不断迁往城市更是进一步加剧了农村居民养老的难度。随着老龄化社会的血亲关系向姻亲关系转变，传统上以子女养老的格局在发生变化。

三是未富先老局面下，老龄化社会对养老负担和资金统筹形成挑战。从整体看，我国人口抚养比大幅提升，养老负担将超过抚幼负担。老年抚养比预计在2030年前后超过少儿抚养比，养老负担日益成为劳动年龄人口负担的主要压力来源。到2050年，老年抚养比上升至49.9%，约高出OECD发达国家平均水平6个百分点。从区域看，不同区域、不同省份的养老金压力差异较大，2017年全国抚养比最低的黑龙江为1.3:1，最高的广东为9:1。从纵向看，我国养老金的收支压力不断加大，城镇职工基本养老保险收不抵支省份不断增加，个人账户缺口不断增大。从结构上看，养老金结构仍不平衡，过于依赖第一支柱，而第二支柱和第三支柱比重较低。

四是老龄化社会也蕴含着发展银发经济的良好机遇和巨大空间。一是银发经济发展有助于助推经济增长。一方面，银发经济是一个多元化的产业体系，涵盖日用品经济、保健品经济和服务类经济，产业覆盖面广、产业链长，也被称作21世纪的朝阳产业。另一方面，我国老年群体数量庞大，老年人用品和服务需求巨大，养老服务业仍处于发展的起步阶段，老年医疗保健产业发展空间十分广阔。高龄、空巢、失能老年人口规模不断扩大，照护服务需求不断增长；老年旅游方兴未艾；老龄用品消费持续增长。二是人口老龄化与居民平均消费倾向存在一定的正相关关系。在消费已经成为经济增长主要动力的当前以及未来，促进老年人消费有助于拉动经济增长。牛津经济研究院预计，到2030年，美国的“银发经济”将占据经济总量的一半以上。有研究指出，2050年我国60岁及以上老年人口总消费61.26万亿元，将是2020年的8.73倍。我国未来的银发产业有望成为举足轻重的重要产业。

三、“十四五”是布局老龄化社会建设的关键窗口期

新发展阶段要求我们把握“十四五”的关键时期为应对中度老龄化社会做更充足准备。“十四五”时期我国的潜在经济增长率可能是未来15年最高的时期，有望处于5%—6%的区间。与此同时，“十四五”时期我国将完成从轻度老龄化社会到中度老龄化社会的转换，转换之后的老龄化社会建设无疑难度更大。较高的经济增速能保障我们有充足的财力、物力去改善养老服务、增大养老产业投资、提高医疗保障水平，更充分地补足养老领域相关短板。

新发展格局要求通过满足老龄化社会的消费需求，夯实国内国际大循环。一方面，老龄化社会的国内消费需求是夯实国内大循环的重要内容。次贷危机之后我国实行了新型农村社会养老保险（2009年）、城镇居民基本养老保险（2011年）、城乡居民养老保险（2014年）等改革，有效提高了低收入群体的消费能力。完善养老金体系有助于提升消费，夯实国内大循环。当前，针对老年人口贫富差距较大的问题，通过养老金改革缓解老年贫困问题，释放其边际消费倾向较高的消费意愿，能够更有效刺激老年人口消费需求。另一方面，富裕的老年群体对国外保健商品、医疗服务等需求较大，是推动国际大循环的重要群体。

疫情等重大危机后的改革往往能产生更显著的全局性影响。在经济下行周期，叠加百年不遇的重大疫情冲击，越来越多的低收入老年群体的就业和收入无疑受到更大影响，群体性的生活无着可能诱发诸多社会矛盾和冲突。我国可在“十四五”时期着力推动老龄社会相关“硬骨头”改革，通过完善养老制度维护和提高社会稳定性。

四、人口老龄化国家战略的应对策略

实施积极应对人口老龄化的国家战略，需要积极开发人才红利推动经济增长以增强物质基础，着力构建多层次养老保障体系、加快推行养老金体系改革、实施渐进式延迟法定退休年龄、推动养老产业和银发经济发展。

一是积极开发人才红利推动经济增长。

释放人才红利是实现创新驱动，塑造发展新优势的重要途径。十九届五中全会提出，要提高人口素质，积极开发老龄人力资源，就是要推动构建适应经济结构转型的人力资源体系，这也是我国实施人口老龄化国家战略的重要内容。其一，提高人口素质要求我国进一步提高教育水平，构建高质量教育体系。其二，积极开发老龄人力资源潜力，提高老年大学基础类和学习类课程比重，引导老年人进行高质量学习。在当前人口平均寿命已达76岁背景下，男性60岁和女性50—55岁的退休年龄已经显得较为滞后，老年人力资源的开发具备了前提和基础。这两项措施有助于提升人口素质和人力资本水平，从人口红利走向人才红利，为经济结构转型提供坚实的人力资源支撑，进一步提高全要素生产率，促进经济增长和社会发展。发展是第一要务，要用发展的办法解决老龄化过程中的矛盾和问题。

二是构建多层次养老保障体系有助于实现老有所养。

多层次养老保障体系构建起老年人养老的社会安全网，符合我国社会主义初级阶段的发展实际。我国养老服务制度框架不断健全，基本养老服务也得到有效发展。

2019年11月，中共中央、国务院印发《国家积极应对人口老龄化中长期规划》，提出健全以居家为基础、社区为依托、机构充分发展、医养有机结合的多层次养老服务体系，多渠道、多领域扩大适老产品和服务供给，提升产品和服务质量。十九届五中全会提出，发展普惠型养老服务和互助性养老，支持家庭承担养老功能，培育养老新业态，构建居家社区机构相协调、医养康养相结合的养老服务体系，健全养老服务综合监管制度，并提出了“十四五”时期“多层次社会保障体系更加健全”的发展目标。2020年脱贫攻坚取得决定性胜利更是极大提升了农村老年贫困人口的生活水平。截至2019年年底，全国共有1447.3万老年人纳入城乡低保，386.2万特困老年人纳入特困救助供养，3500多万老年人享受了不同类型的老年福利补贴，并全面实行了农村留守老年人关爱服务政策。

三是加快推进养老金体系改革以稳固老有所依。

养老金体系构建起老年人养老最坚实的资金支撑。其一，从结构看，要从顶层设计角度优化养老金三大支柱，明确职责功能，构建更具可持续性的养老保险制度。就第一支柱来说，建立政府主导的城乡统一的基本国民养老金。从形式看，可将城镇职工基本养老保险的社会统筹账户分离出来，与城乡居民养老保险并轨为基本国民养老金。从目标看，适度提高保障水平，解决老年人绝对贫困问题。从收入来源看，基本国民养老保险应在财政支持下体现互济属性，降低对财政刚性的依赖；增强对个人缴费的激励程度。就第二支柱来说，可探索将城镇职工基本养老保险的个人账户做实后并入企业年金；保持单位缴费比例的稳定；统筹以企业年金和职业年金为代表的传统第二支柱的发展。就第三支柱来说，高保障的个性化需求需要借助第三支柱实现。为第三支柱发展构建制度环境，推广投资管理公共服务平台；递延商业养老保险个人所得税政策应加快立法，落实细则；适度提高扣除标准，并建立动态调整机制；建立动态公开的养老金年龄调整机制。其二，从区域不平衡考虑，要实现基本养老保险的全国统筹。2010年出台的社会保险法提出，“基本养老保险基金逐步实行全国统筹”。2017年党的十九大明确要求“尽快实现养老保险全国统筹”；2018年7月1日起，实施企业职工基本养老保险基金中央调剂制度；2020年底将全面实现养老基金省级层面的统收统支。

四是实施渐进式延迟法定退休年龄要考虑老有所安。

我国应从现实性和可持续性出发，实施渐进式延迟法定退休年龄，稳定百姓预期，使人民安心。其一，尽快实施延长退休年龄的政策。2013年11月，十八届三中全会《中共中央关于全面深化改革若干重大问题的决定》指出，要“研究制定渐进式延迟退休年龄政策”。十九届五中全会公告明确提出“实施渐进式延迟法定退休年龄”。新中国成立初期确定的男性60岁、女干部55岁、女职工50岁的法定退休年龄，近70年未有调整。其二，延迟退休的渐进式政策应充分考虑社会公众可承受能力，建议设置足够的过渡期，小步慢走。延迟退休调整关系亿万群众的切身利益和整个社会的稳健运行，政府应重视专业评估，从透明性、公开性和科学性等方面做好准备工作。

五是推动养老产业和银发经济发展以实现老有所乐。

《建议》将养老服务作为现代服务业中生活性服务业的重要部分，明确发展方向是高品质和多样化，目标在于实现老有所乐。培育和发展养老产业和银发经济才能满足老年人日益增长的美好生活需要。新基建等信息基础设施的建设有助于为老年人群提供更为便捷的服务和保障。补足养老社区投资短板、推动老年旅游发展，在老年人社交娱乐、养生理疗、照料护理等方面提供多元化、分层次、广覆盖的产品和服务体系。

于　涛　国务院发展研究中心金融所助理研究员

以生态文明促经济“提质”复苏

习近平生态文明思想是对马克思主义哲学的重要贡献，是新的世界观、新的方法论。作为代表着人类未来发展方向的可持续模式，生态文明建设方兴未艾，但沿袭了200余年的工业文明发展模式，并不会因为新的文明诞生而“闪退”历史舞台。在文明的交锋与激荡下，中国如何在“十四五”期间应对日益复杂的国际环境和时代变局，如何实现自身科技创新与产业变革，是全世界都在关注的议题。2021年，“十四五”开局，要确保经济在发展中实现转型，“高质量发展”是关键词，也是实现“绿色”复苏、满足人民日益增长的美好生活需求的必由之路。

从人类文明史深刻认识生态文明

工业文明与生态文明的交汇博弈，挑战与机遇并存，工业文明不可持续的发展方式所带来的生物多样性危机、气候危机、公共卫生安全危机，也是生态文明迫切需要面对并解决的问题。只有积极采取措施应对这些危机，人类才有持续发展的可能，而在应对的举措中，则需要更多的人从人类发展历史来深刻认识文明的变革的重要意义，进而更好推动经济变革。

人类先后历经了原始文明、农耕文明、工业文明，现在进入生态文明。每个文明都有其不同的特点，对应着不同的生存观、价值观、发展观。原始文明阶段，人们崇尚自然，其物质生产活动依赖简单的采集渔猎；农业文明阶段，人们开始意识到，自己具有改变自然的能力，铁器随之出现；工业文明阶段，人们认为自己可以征服自然，于是开始随心所欲地开发、使用、浪费自然资源，可以说工业文明的核心就是碳经济。碳经济的危害包括两方面，一是带来了众所周知的气候问题，二是伴随经济产生的一系列环境问题，如大量废弃物排放引发的污染丛生、动植物栖息环境的破坏等。

2020年12月，国家主席习近平在气候雄心峰会上郑重宣布，“到2030年，中国单位国内生产总值二氧化碳排放将比2005年下降65%以上，非化石能源占一次能源消费比重将达到25%左右。”这是中国对世界做出的一项庄严承诺，为我国经济绿色复苏指明了方向，这也是生态文明建设所肩负的重任——在确保经济发展的同时，要积极应对工业文明不可持续发展模式所带来的气候变化、生物多样性丧失、公共卫生安全危机，并做出积极改变。这是人类文明史发展的必然要求，也是“十四五”规划所面临的挑战。

生态本身就是经济：坚守“四原则”很重要

生态文明是推动我国社会经济各领域可持续发展、绿色复苏的必由之路。产业的快速发展，需要通过科学规划，让其切实体现“绿水青山就是金山银山”“生态本身就是经济”的发展理念，并始终把绿水青山放在首位。只有保障了森林的“绿和青”，才有康养产业的“金与银”，切勿重蹈追求经济利益而造成生态危局的覆辙。因此，不论是经济转型、产业升级，遵循“四原则”都非常重要。

所谓“四原则”，分别为：节约原则——这也是最基本的原则。我们在经济建设的过程中所使用的每一滴水，每一度电都有其生态的代价，生态代价就是对生态造成的负担。如果能做到节水、节电、节省人力、节省材料……就是对绿色发展的践行。自然原则——尊重自然的规律和其本身的生态属性。如当今大量整齐划一、一成不变的铺路种树工程，看起来赏心悦目，究其根本也是违反自然规律的，因为没有给自然物种保留足够的生存空间。比如有些地方为了完成森林覆盖率，在滩涂湿地上种树，看似是“绿色”工程，其实已经违背了自然原则。有限原则——根据其自然特征和客观需要进行有限治理。如一片湖水遭到污染，需要对其进行治理，要达到怎样的治理成果才算治理成功呢？很多地方的污水治理以达到I类水，甚至饮用水为荣。但这种做法合理吗？是否考虑自然成本和实际治理需求呢？所以高标准的治理不一定是科学的治理，因为高标准往往意味着更多的消耗和投入，而现实生活和环境保护中，我们并不需要一片自然河湖的水质能够达到“饮用水”标准。宏观原则——是指对项目、工程实施的系统考虑和整体把握。这要求我们在一个项目立项、工程施工的时候，要综合考虑其周边环境、物种多样性情况，这就要求我们治理植被病虫害时，要因地域不同而区分治理强度；排污标准也要因入海口和非入海口而有所不同，同时综合考虑上下游情况。

从“猫”到“鸟”：以“三公理”维护绿水青山

20世纪70年代末，邓小平以“猫论”带领中国经济冲出重围，实现高速发展，让人民生活迅速富裕起来。进入新时代，中国经济面临高速发展到高质量发展的转型，怎么让人民群众的生活从富到好，实现大家对美好幸福生活的向往，是以习近平同志为核心的党中央所要完成的新命题。

2014年，习近平总书记提出“腾笼换鸟、凤凰涅槃”的发展思路，被人们亲切称为“两只鸟论”。该理论形象准确地说明了“转方式、调结构”的重大意义和方向路径，即着力推动产业优化升级，充分发挥创新驱动作用，走绿色发展之路，努力实现凤凰涅槃。这是在我国经济发展步入新常态，下行压力加大情况下，经济转型所要做出的改变。党的十九届五中全会提出，“十四五”经济社会发展要以推动高质量发展为主题，这是根据我国发展阶段、发展环境、发展条件变化作出的科学判断。

但笼要怎么腾、鸟要怎么换，是我国各地区要切实解决好的问题。很多人认为，改变以往的发展模式就得破旧立新，就意味着大拆大建。例如，很多老厂房、老建筑等，觉得老了、旧了，不美观了，就得拆掉重建……旧的设施废弃，新项目投入建设，看似热火朝天，但实际上“形式”往往多于“内容”。腾笼不是拆笼，而是对现有资源的可持续使用，是以生态文明理念对既往已形成的污染或损害进行积极治理。因此，我们提出要以“三公理”应对发展中已产生的一系列问题，以确保环境得到持续改善，经济发展稳妥推进。

何为“三公理”？即“不扩散”“不为害”“充分公示”公理，重点以此为指导妥善处理破坏或污染已经发生的情况。以西部地区为例，在西部大开发中，为实现先富带动后富，东部沿海地区剩余经济发展能力大量向西部转移，在带动西部经济快速发展的同时，也产生了一系列生态问题。例如，震惊全国的腾格里沙漠污染案，就是过往单纯重视经济发展而忽视环境保护所带来的严峻后果。而当一片土壤遭遇重金属污染时，按照“三公理”，应首先避免污染范围因为人类行为，如灌溉、挖土填埋等进一步扩散至地下水或其他区域；也不能继续种植庄稼、果树等，避免这种对人体有害的农产品流通市场，继续为害。而应采取规避手段，如通过科学评估后可以考虑种植蓖麻或其他作物，一方面让土壤资源得到充分利用并产生经济价值，另一方面又避免了农民继续种植可食用作物，让污染持续为害。再比如一项河道硬化整治工程，政府出于防洪安全或景观提升带动旅游发展的考虑，要开展河道硬化整治工程，但整治工程往往会对周边野生动植物栖息环境带来不利影响。此类情况也是经济开发与生态环保相冲突的多发案例。这种情况下，以“三公理”确保工程的环境影响，并通过充分公示，让生态环保领域专业机构参与论证，让社会公众了解就变得更加重要。

除了GDP，还要有GEP

GEP是Gross Ecosystem Product的英文缩写，中文为生态系统生产总值，是指生态系统为人类福祉和经济社会可持续发展所提供的最终产品与服务价值的总和，是将生态系统作为一个整体进行考量的指标体系。深刻理解GEP得从我们熟悉的GDP，也就是国内生产总值说起。我们国家曾经历过长时间的唯GDP论，即不论是衡量党政干部政绩和执政水平，还是评估地方发展情况和发展潜力，都要看GDP数据好不好看。哪怕是生态环境脆弱的青海、西藏等地区，也要努力创造经济增长，提升GDP。这种考核模式和标准，给我国生态环境带来了巨大隐患。

2012年，我国学者提出GEP概念，作为一套与GDP相对应的、并行开展的、从生态系统角度衡量生态保护和建设成效的统计核算体系，GEP通过对生态产品价值核算，促进生态产品价值转化，让人们对生态系统的价值有了更加直观的认识和了解，同时也为各地区科学合理利用生态资源，开展经济建设提供指导，进而形成绿色发展新动能，推动区域生态产品市场化。

随着我国生态文明建设的逐步深入，GEP作为一种以保护优先原则衡量当地生态环境状况与经济可持续发展的有效指标，受到越来越多的关注。但相对于国际社会普遍接受的GDP指标体系而言，我国尚缺乏与国民经济统计相匹配的、全国统一的GEP统计核算体系，GEP核算与评价考核，更多的还是停留在各地方政府、科研机构等自主开展的层面。

随着GEP在地方的探索性研究和实践取得显著进展，“十四五”期间，将GEP核算与评价考核在国家层面部署试行，并初步建立全国统一的GEP统计核算体系，将对促进我国“绿水青山就是金山银山”的发展理念起到积极助推作用。

国内大循环重在“增质”

新冠疫情在全球爆发并持续给世界经济带来严重创伤，也给我国经济发展带来众多不确定性。在国内疫情得到有效控制而国际疫情愈发严峻的当下，做好国内大循环、深挖内需，以满足国内需求作为推动新形势下经济发展的核心重点，打造国内各行业产业链条的完整性和自给能力，以有效应对日益增长的国际风险变得更加迫切，也是做好国内国际双循环的根本所在。

但国内大循环是不是就意味着要大规模地去促进各种各样的生产呢？我们认为并非如此，而是应该持续把产业调整作为重点，包括向科技、高附加值、全产业链方向去跳跃，重视“质”的提升，而非“量”的增加。全球经济合作在疫情到来之前非常流畅，一件产品上市往往需要多个国家协同制作和加工，中国重视程度并不够，但疫情已为我们敲响了警钟。可以预见，在未来可预期的5年或10年内，国际协作可能会受到多方面阻力。因此，形成国内各产业的全链条自给就变得极端重要。这也为我们“十四五”期间的经济发展、科技赋能提出了更高的要求。这个更高的要求，就是任何形式的发展和科技创新，都要充分展现其“生态文明特性”。

“何为生态文明特性?”即任何一项新技术的应用、一项新产品的投入、一项新工程的启动等，都要从生态文明的视角进行评估，比如是否符合“三公理”“四原则”？是否把“绿水青山”放在第一位？是否有助于人类积极应对三大危机？以此确保国内大循环的“绿色”属性，进而发挥中国在提振世界经济方面的积极作用。

结语

这是一个以文明变迁为大背景的历史关口，在这一特殊时间节点，我们已经用“十三五”期间“经济运行总体平稳，经济结构持续优化”，“五千五百七十五万农村贫困人口实现脱贫”，“全面建成小康社会取得决定性胜利”等一系列成就打下了坚实的基础。在“十四五”期间，更需要我们在上一阶段基础上，深入学习贯彻习近平生态文明思想，深刻认识到气候变化危机、生物多样性危机、公共卫生健康危机这三大危机背后，实现经济绿色复苏、高质量发展的迫切性和重要意义。

智者之虑，虑于无形；达者所规，规于未兆。20世纪70年代罗马俱乐部成员出版《增长的极限》一书，将彼时经济发展和增长模式的潜在问题，以及对地球生态环境、对人类未来的思考写入书中，试图以此唤醒更多的人重视可持续发展。现今，我们不遗余力地推进生态文明建设，并以此作为指导思想，亦需要更多的智者去唤醒、去思考、去助推经济绿色复苏和高质量发展。

周晋峰 中国生物多样性保护与绿色发展基金会秘书长
王　静 中国生物多样性保护与绿色发展基金会宣传部主任

附　录

“十四五”规划建60条要点摘录

第一板块　总论

第一板块为总论，包括第一、第二两个部分，主要阐述决胜全面建成小康社会取得决定性成就、我国发展环境面临深刻复杂变化、到2035年基本实现社会主义现代化远景目标、“十四五”时期经济社会发展指导思想、必须遵循的原则和主要目标。

一、全面建成小康社会，开启全面建设社会主义现代化国家新征程

1. 决胜全面建成小康社会取得决定性成就。

2. 我国发展环境面临深刻复杂变化。

3. 到二〇三五年基本实现社会主义现代化远景目标。

二、“十四五”时期经济社会发展指导方针和主要目标

4.“十四五”时期经济社会发展指导思想。

5.“十四五”时期经济社会发展必须遵循的原则。

——坚持党的全面领导。

——坚持以人民为中心。

——坚持新发展理念。

——坚持深化改革开放。

——坚持系统观念。

6.“十四五”时期经济社会发展主要目标。

——经济发展取得新成效。

——改革开放迈出新步伐。

——社会文明程度得到新提高。

——生态文明建设实现新进步。

——民生福祉达到新水平。

——国家治理效能得到新提升。

第二板块　分论

第二板块为分论，总体上按照新发展理念的内涵来组织，分领域阐述“十四五”时期经济社会发展和改革开放的重点任务，安排了12个部分，明确了从科技创新、产业发展、国内市

场、深化改革、乡村振兴、区域发展，到文化建设、绿色发展、对外开放、社会建设、安全发展、国防建设等重点领域的思路和重点工作，作出工作部署。

三、坚持创新驱动发展，全面塑造发展新优势

7. 强化国家战略科技力量。
8. 提升企业技术创新能力。
9. 激发人才创新活力。
10. 完善科技创新体制机制。

四、加快发展现代产业体系，推动经济体系优化升级

11. 提升产业链供应链现代化水平。
12. 发展战略性新兴产业。
13. 加快发展现代服务业。
14. 统筹推进基础设施建设。
15. 加快数字化发展。

五、形成强大国内市场，构建新发展格局

16. 畅通国内大循环。
17. 促进国内国际双循环。
18. 全面促进消费。

19. 拓展投资空间。

六、全面深化改革，构建高水平社会主义市场经济体制

20. 激发各类市场主体活力。
21. 完善宏观经济治理。
22. 建立现代财税金融体制。
23. 建设高标准市场体系。
24. 加快转变政府职能。

七、优先发展农业农村，全面推进乡村振兴

25. 提高农业质量效益和竞争力。
26. 实施乡村建设行动。
27. 深化农村改革。
28. 实现巩固拓展脱贫攻坚成果同乡村振兴有效衔接。

八、优化国土空间布局，推进区域协调发展和新型城镇化

29. 构建国土空间开发保护新格局。
30. 推动区域协调发展。
31. 推进以人为核心的新型城镇化。

九、繁荣发展文化事业和文化产业，提高国家文化软实力

32. 提高社会文明程度。

33. 提升公共文化服务水平。

34. 健全现代文化产业体系。

十、推动绿色发展，促进人与自然和谐共生

35. 加快推动绿色低碳发展。

36. 持续改善环境质量。

37. 提升生态系统质量和稳定性。

38. 全面提高资源利用效率。

十一、实行高水平对外开放，开拓合作共赢新局面

39. 建设更高水平开放型经济新体制。

40. 推动共建“一带一路”高质量发展。

41. 积极参与全球经济治理体系改革。

十二、改善人民生活品质，提高社会建设水平

42. 提高人民收入水平。

43. 强化就业优先政策。

44. 建设高质量教育体系。

45. 健全多层次社会保障体系。

46. 全面推进健康中国建设。

47. 实施积极应对人口老龄化国家战略。

48. 加强和创新社会治理。

十三、统筹发展和安全，建设更高水平的平安中国

49. 加强国家安全体系和能力建设。

50. 确保国家经济安全。

51. 保障人民生命安全。

52. 维护社会稳定和安全。

十四　加快国防和军队现代化，实现富国和强军相统一

53. 提高国防和军队现代化质量效益。

54. 促进国防实力和经济实力同步提升。

第三板块　结尾

第三板块为结尾，包括第十五部分和结束语，主要阐述加强党中央集中统一领导、推进社会主义政治建设、健全规划制定和落实机制等内容。

十五、全党全国各族人民团结起来，为实现“十四五”规划和二〇三五年远景目标而奋斗

55. 加强党中央集中统一领导。

56. 推进社会主义政治建设。

57. 保持香港、澳门长期繁荣稳定。

58. 推进两岸关系和平发展和祖国统一。

59. 积极营造良好外部环境。

60. 健全规划制定和落实机制。

后　记

回望过去的五年，是我国发展史上极不平凡的五年。面对百年未有之大变局带来的风险挑战，我国高效应对突如其来的新冠肺炎疫情冲击，全面建成小康社会取得了决定性胜利，为开启全面建设社会主义现代化国家新征程奠定了更坚实的基础。

此间，我国经济实力大幅跃升，开放型经济发展取得历史性成就。中国金融改革着力建设现代金融体系，坚持金融服务实体经济的根本要求，扩大金融业双向开放，为“十三五”规划圆满收官交出一份亮眼的答卷；创新驱动发展成效显著，传统产业进一步数字化转型、工业互联网快速发展，推动了工业经济整体实现高质量飞跃；精准脱贫理念深入人心，脱贫攻坚向全面推进乡村振兴平稳过渡；公共服务体系更加健全，人民生活水平和质量普遍提高；城镇化质量明显改善，区域城乡协调发展新格局基本形成；各方面制度更加成熟更加定型。

接下来的“十四五”规划是中国全面建成小康社会之后第一个五年规划，也是开启全面建设社会主义现代化国家新征程的第一个五年规划。站在新的历史起点，我们应看到：要素流动不畅、资源配置效率不高和微观经济活力不强等难题尚未得到根本解决，同时我们还要实现更大、更宽、更深以及更规范的“高水平”对外开放目标，做好准备迎接深化经济体制改革、提升中国企业的全球竞争力等多重挑战。在这一重要时间节点上，中国发展和未来的诸多重要命题，需要我们努力探索答案。

例如，伴随经济由高速转到中速，十四五期间如何通过更大力度、更有实效的改革开放，着力发掘与中速增长期相配套的新结构性潜能？2035年的远景目标给我们提供了思考未来5到15年发展的数量基础，据此我们应该设定什么目标、寻找什么大趋势？如何进一步完善中国资本市场的市场化和国际化？财政政策如何发挥好逆周期调节作用，以及完善有利于创新的税费制度体系？如何努力实现“十四五”时期缩小城乡差别的关键任务，以及抓住人口老龄化国家战略下的关键窗口期？又如何以生态文明促经济“提质”复苏？

为此，本书囊括了十余位权威经济学家的研究成果，对“十四五”规划和二〇三五年远景目标进行深入解读，并提供战略性的解决方案，为大众读者和专家学者提供思考借鉴。

编者在此感谢为此书撰文的全国政协经济委员会副主任刘世锦，北京大学光华管理学院院长刘俏，中国资本市场研究院院长吴晓求，华夏新供给经济学院院长贾康，中国财政科学研究院副研究员刘薇，浙江省人民政府特约研究员周德文，北京大学光华管理学院特聘教授徐宪平，中国人民大学国发院金融科技与互联网安全研究中心主任杨东，中南财经政法大学数字经济研究院执行院长盘和林，中国国际经济交流中心首席研究员张燕生，对外经济贸易大学中国WTO研究院屠新泉和刘颖，国家金融与发展实验室特殊资产研究中心副主任刘伟，中银证券全球首席经济学家管涛，南开大学经济学院教授陈宗胜和南开大学经济学院博士研究生杨希雷，国务院发展研究中心金融所助理研究员于涛，中国生物多样性保护与绿色发展基金会秘书长周晋峰及中国生物多样性保护与绿色发展基金会宣传部主任王静。